Inhalt

Vorwort

Im Oktober 1983 kehrte ich von einer dreiwöchigen Dienstreise nach Bangladesch zurück und kündigte meine Stellung als Referentin im Bundesministerium für wirtschaftliche Zusammenarbeit (BMZ) fristlos.

Ich habe während des größten Teils meines Arbeitslebens Entwicklungspolitik betrieben. Nebenbei engagierte ich mich in verschiedenen Gruppen, die sich mit den Beziehungen zu den Ländern der Dritten Welt, besonders zu denen Afrikas, beschäftigten. Auf dienstlichen, politischen und privaten Reisen habe ich die Mehrzahl der Länder Afrikas sowie einige Asiens kennengelernt.

Nach einer kurzen Tätigkeit beim Seminar für Sozialarbeit in Übersee der Caritas und nebenberuflicher Praktikantenbetreuung für die Carl-Duisberg-Gesellschaft siedelte ich nach Bonn über, um mich Aufgaben in der Zentrale bundesrepublikanischer Entwicklungspolitik, dem Bundesministerium für wirtschaftliche Zusammenarbeit, zu widmen.

Ich begann im Öffentlichkeitsreferat, schrieb Reden für die Minister Eppler und Bahr und übernahm dann die Zusammenarbeit mit Botswana und Sambia.

Nach zweieinhalb Jahren BMZ wurde ich für eine Legislaturperiode zum Mitglied des Deutschen Bundestages gewählt. Ich war Mitglied im Ausschuß für Ernährung, Landwirtschaft und Forsten, im Ausschuß für Forschung und Technologie und Stellvertretendes Mitglied im Ausschuß für wirtschaftliche Zusammenarbeit. Während dieser Zeit bemühte ich mich weiter eifrig, der Bevölkerung die Notwendigkeit von Entwicklungshilfe klarzumachen. Die verbreitete Grundeinstellung vor allem von Arbeitnehmern, die Neger seien dumm und faul, prangerte ich als Rassismus an und versuchte, diesem Vorurteil entgegenzuwirken. Mit wenig Erfolg. Mir war nämlich nicht bewußt, daß ich mit meiner Helferideologie selber zum Propagandisten des

Rassismus wurde: Wenn ganze Völker mit ihren Problemen angeblich nicht allein fertig werden können, dann liegt es eben nahe, daß sie entweder dumm oder faul oder beides sind.

Bei meiner Rückkehr in das Ministerium übernahm ich die Zusammenarbeit mit Pakistan. Während des letzten dreiviertel Jahres meiner Dienstzeit übertrug man mir die Technische Zusammenarbeit mit Bangladesch.

Wenn in dem vorliegenden Bericht von »meinen« Entscheidungen die Rede ist, meine ich damit immer nur Vorentscheidungen. Denn ausgabenwirksame Unterschriften dürfen nach der Geschäftsordnung der Bundesregierung erst vom Referatsleiter an aufwärts geleistet werden.

Mein Entschluß, der Entwicklungshilfe den Rücken zu kehren, war das Ergebnis jahrelanger Erfahrungen in der Entwicklungspolitik und zahlreicher Diskussionen innerhalb und außerhalb des BMZ. Den Anlaß bildeten die Erlebnisse auf meiner letzten Dienstreise nach Bangladesch. Dort wurde mir die einzige noch verbliebene Illusion geraubt, daß wenigstens »meine« Projekte zur Beseitigung von Elend und Hunger beitrügen. Ich erfuhr im Gegenteil, wie jede einzelne Komponente der unter meiner Verantwortung durchgeführten Projekte die Reichen reicher und die Armen ärmer machte. In Bangladesch bedeutet das in vielen Fällen den Unterschied zwischen Leben und Tod. Ich konnte die Einsicht nicht mehr verdrängen: Entwicklungshilfe schadet allen, denen sie angeblich nützen soll, ganzen Ländern wie einzelnen Betroffenen. Sie muß deshalb sofort beendet werden. Ohne Entwicklungshilfe ginge es den Menschen in den Ländern der Dritten Welt besser.

Ich weiß wohl, daß die Veröffentlichung dieses Textes nicht das Ende der Entwicklungspolitik bewirken kann. Dazu läuft das Zusammenspiel zwischen der am Geschäft beteiligten deutschen Industrie, der Schicht der Reichen in den Entwicklungsländern und der großen Interessengemeinschaft von Bürokraten im Ministerium und in den Durchführungsorganisationen, von Consultings und Experten sowie den Entwicklungshilfe-Politikern, also dem ganzen Entwicklungshilfe-Jet-Set mit seinen hervorragenden Gehältern, interessanten Reisen und seinem hohen Sozialprestige, viel zu geschmiert.

Was ich erhoffe ist nur, daß die zahllosen gutwilligen Befürworter der Entwicklungshilfe erfahren, was ihre Steuergelder tatsächlich bewirken. Dabei habe ich skandalöse Projekte wie z. B. Polizeihilfe für die indonesische Regierung, die gerade Völkermord in Ost-Timor begeht, gar nicht erwähnt. Es geht hier nur um die *normale* Entwicklungshilfe, die den Anspruch erhebt, humanitären und sozialen Zielen zu dienen und die Unabhängigkeit der Entwicklungsländer zu fördern.

Mein Ehrgeiz zielt nicht auf eine weitere wissenschaftlich abgesicherte Analyse. Deren gibt es genug. Aber weder der große alte Mann der Entwicklungstheorie Gunnar Myrdal noch das Buch »Vom Mythos des Hungers« der hervorragenden Fachleute Collins und Lappé, die Senghaas'sche Abkoppelungstheorie oder P. T. Bauer von der *London School of Economics* haben mit ihrer Grundsatzkritik bei den Praktikern bisher irgendeinen Eindruck hinterlassen.

Ich beschränke mich darauf, ganz subjektiv Erlebnisse, Gespräche und Informationen wiederzugeben. Dabei habe ich bewußt die theoretischen Einsichten nicht von meinen persönlichen Erlebnissen getrennt. Denn ebenso wie meine Wahrnehmungen meine Theorievorstellungen beeinflußt haben, so haben mit Sicherheit auch die Theorien in meinem Kopf meine Wahrnehmungsfähigkeit gelenkt. Ich habe auch meine Gefühle nicht versteckt, da sie wahrscheinlich bei den meisten Menschen der entscheidende Faktor bei der Meinungs- und Willensbildung sind. Die miteinander eng verschwisterten Gefühle Mitleid und Hochmut bilden ja die Grundlage jeglicher Entwicklungspolitik.

Vielleicht kann man mir in Einzelheiten Fehler oder nicht genügend ausgewogene Wertungen vorwerfen. Das wird aber nichts an der Schlußfolgerung ändern: Entwicklungshilfe trägt dazu bei, in den meisten Entwicklungsländern ausbeuterische Eliten an der Macht zu halten und im Namen von Modernisierung und Fortschritt Verelendung und Hungertod zu bringen.

Ein Distrikt wird entwickelt

Auf den Besuch des Projektes »Förderung der ländlichen Entwicklung im District Tangail« hatte ich mich am meisten gefreut. Es war ein echtes Grundbedürfnisprojekt*, sollte die gesamte ländliche Entwicklung in einem Gebiet voranbringen und bestand aus verschiedenen Teilen, die sich gegenseitig ergänzen sollten:

— Förderung der Bewässerung durch Lieferung von Pumpen verschiedener Größe, die von Kleinbauerngenossenschaften betrieben werden sollten,
— Förderung von kleinen privaten Pumpenreparaturbetrieben,
— Förderung von Landlosen, die sonst bei landwirtschaftlichen Programmen meist nicht beachtet werden,
— Förderung integrierter Landwirtschaft, um den ökologischen Erfordernissen gerecht zu werden,
— Kreditbeschaffung für Kleinbauern, um sie aus ihrer Abhängigkeit von den Geldverleihern zu befreien.

Das Projekt war auch nicht nur am grünen Tisch konzipiert worden. Während einer Vorlaufphase wurden alle Maßnahmen erst einmal in kleinem Stil erprobt und Studien dazu erstellt. Diese ersten Erfahrungen hatte ich dann mit dem Projektleiter und dem Projektsprecher der Gesellschaft für Technische Zusammenarbeit (GTZ) gründlich in Bonn durchdiskutiert. Auch die Botschaft in Dhaka war von dem Projekt begeistert. Endlich erreichte ein Projekt wirklich die Armen.

Die List mit den Pumpen

Mit dieser positiven Grundeinstellung machte ich mich also von Dhaka aus auf den Weg. Morgens früh um sechs brauchte der Torhüter

* Mit Sternchen gekennzeichnete Begriffe werden, ebenso wie alle Abkürzungen, im Anhang erklärt.

des Hauses, in dem ich wohnte, zum Glück noch nicht, wie sonst üblich, die Bettlerinnen mit ihren nackten Kindern von der Toreinfahrt wegzuscheuchen — ein Anblick, der ja doch immer etwas auf die Stimmung drückte. Nach ca. zwei Stunden Autofahrt in Richtung Nordwesten erreichten wir Tangail, die Hauptstadt des Distrikts, in dem wir das Projekt angesiedelt haben. Für das Proekt mit seinen Experten wurde in Tangail ein Haus ausgebaut, in dem diese übernachten können, wenn sie im Projektgebiet arbeiten. Grundsätzlich wohnen fast alle Experten in Dhaka. Ein von ihnen liebevoll vorbereitetes üppiges Frühstück wartete auf uns, gemeinsam mit dem *District Commissioner*, der während unseres Gesprächs immer wieder auf eine schnellere Durchführung des Vorhabens drängte. Sie wollten endlich Pumpen sehen.

Nach dem Frühstück ging es als erstes zur Besichtigung einer Tiefbrunnenpumpe, die Land von ca. 80 Bauern bewässert. Herzstück des Projekts ist die Installation von Bewässerungspumpen und die Bildung von Genossenschaften, um diese zu nutzen. Beeinflußt von »*small-is-beautiful*«-Ideen hatte ich schon in Bonn bezweifelt, daß die aufwendigen Tiefbrunnenpumpen den mittelgroßen und den Handpumpen vorzuziehen seien. Der Projektleiter hat meine Bedenken vom Tisch gewischt: in vielen Gegenden liege das Grundwasser so tief, daß man mit kleineren Pumpen nicht herankäme. Zum anderen verlangten die Bauern die großen Pumpen. Und daß auch diese den Kleinbauern zugute kämen, sei ja durch die genossenschaftliche Organisation gewährleistet. Ich hatte mich damit zufriedengegeben. Wie konnte ich von Bonn aus die Vorort-Kenntnisse des Projektleiters aus den Angeln heben? In Bangladesch erfuhr ich dann sehr schnell, allerdings durch Zufall, die richtige Antwort.

Die Pumpen, die wir installieren, kommen keineswegs den kleinbäuerlichen Genossenschaftsmitgliedern zugute. In Wirklichkeit machen einige wenige große Bauern damit riesige Geschäfte. Diese »*local influentials*« (örtlich Einflußreiche) sind nicht in unserem Sinne oder gar im Sinne lateinamerikanischer Latifundienbesitzer reich. Ihre Häuser hoben sich in meinen Augen nicht wesentlich von denen der Kleinbauern ab. Ihr Landbesitz beträgt häufig nur 20 – 30 acre*. Aber sie verfügen über ein eng geknüpftes Netz von Beziehungen zu allen Mächtigen der Gegend und besitzen das Geld, um sich notfalls durch Bestechung bis hin zum gedungenen Mord Vorrechte zu erkaufen.

Gleichzeitig betätigen sie sich häufig als ausbeuterische Geldverleiher und gehören dann meist zu den bestgehaßten Leuten im Dorf.

Die Geschäfte mit den Pumpen laufen folgendermaßen: Einer oder mehrere Reiche zahlen das Einstiegskapital für die Pumpe. Dann bestechen sie den Vertreter der *Bangladesh Agricultural Development Corporation (BADC),* der eigentlich nach technischen Kriterien den Standort für die Pumpe aussuchen soll, teilweise mit für Bangladesch riesigen Summen. Es war von bis zu 40000 Taka* die Rede. So erreichen sie, daß die Pumpe auf ihrem Land installiert wird. Damit können die übrigen Bauern nichts mehr dagegen tun, daß der gesamte Gewinn aus der Pumpe an den neuen Besitzer fließt. Alle müssen ihm für das Wasser aus dem Brunnen ein Viertel ihrer Ernte abliefern. Der Reiche besitzt jetzt nicht nur die Verfügungsgewalt über die jeweilige Menge Wasser, die jeder bekommt, sondern es kommt sogar vor, daß der Pumpenbesitzer das Entgelt für die Bewässerung willkürlich auf ein Drittel der Ernte erhöht. Anfangs muß die Pumpe zwar noch abbezahlt werden — die Regierung verkauft die Pumpen, die sie von den Gebern kostenlos erhält, allerdings zu relativ niedrigen Preisen an die Bauern —, aber wenn sie abbezahlt ist, beginnt das große Geschäft. Ein Viertel der Ernte des gesamten, mit Hilfe der Pumpe bewässerten Landes bei nur sehr geringen Unterhaltskosten. So schaffen wir in großer Geschwindigkeit neue *»water lords«*.

Nachdem ich diese Zusammenhäge erfahren hatte, ging mir auch ein Licht auf, weshalb »die Bauern« immer nur die größten Pumpen wollten. Große Geschäfte bringen mehr als kleine, logisch. Diese Tatsachen waren auch dem für die Pumpen zuständigen deutschen Experten bekannt. Aber er sah seine Aufgabe nur darin, möglichst rasch möglichst viele Pumpen zu installieren mit der Begründung, das BMZ — also ich! — wolle endlich etwas Vorzeigbares sehen und alles andere sei egal.

Die anderen Geber verhalten sich genauso. Die Weltbank z. B. hat in ihrem *»Rural Development Program II«* (Ländliches Entwicklungsprogramm) denn auch aus diesen Erkenntnissen die logische Folgerung gezogen, einfach die Augen ganz fest zuzumachen. Sie läßt die Regierung in großem Maßstab Tiefbrunnenpumpen an Großbauern verkaufen. Kooperativen brauchen nur dem Namen nach zu existieren. Um ihren guten Willen zu dokumentieren hatte sie allerdings — offensichtlich die ultima ratio aller Geber — der Regierung eine neue Organisation für Kooperativen aufs Auge gedrückt, die schon nach kurzer Zeit der BADC an Bestechlichkeit in nichts nachstand. Aber das Leitmotiv der Weltbank ist eben »klotzen und nicht kleckern«. Tiefbrunnen für die Großen machen mehr her als Handpumpen für die Kleinbauern. Und die bangladeschische Regierung muß, um immer mehr Geld zu erhalten, ihre Fähigkeit, möglichst schnell Geld zu verbraten, nachweisen. Denn »Absorbtionsfähigkeit«* ist ein wichtiges Kriterium für Entwicklungshilfe-Würdigkeit.

UNICEF war bei einem Projekt, das wir mitfinanziert haben, noch skrupelloser vorgegangen. Sie hatte keinen Gedanken auf die Zielgruppe ihrer Wohltätigkeit verschwendet. Aufgrund des durchaus logischen Gedankenganges, daß die Armen den Selbstkostenanteil für Trinkwasserpumpen nicht bezahlen können, hat UNICEF diese in einer landesweiten Aktion gleich den Reichen überlassen. Eigentliches Ziel war es, die bangladeschischen Dörfer mit gutem Trinkwasser zu versorgen. Was dabei herauskam, sahen wir zufällig in einem Dorf bei der Besichtigung eines anderen Projektes: Die Kinder des Reichen planschten fröhlich unter dem dicken Strahl herrlich klaren Pumpenwassers. Die übrigen Dorfbewohner zeigten uns verzweifelt die kaputte öffentliche Pumpe. Sie waren gezwungen, kilometerweit ihr Trinkwasser zu holen. Der Reiche ließ sie an seine Pumpe nicht heran. Gutachter, die das UNICEF-Projekt geprüft und einen dicken Bericht angefertigt hatten, konnten meine Frage, wer denn das Wasser nutze, nicht beantworten. Sie hatten sich lediglich darum gekümmert, ob die Pumpen technisch funktionierten. UNICEF verkauft dies als ein äußerst erfolgreiches Projekt. Wieder einmal Tausende von Kindern gerettet! Nach Auskunft eines hohen UN-Beamten — »Fragen Sie doch mal die UNICEF-Leute selber, was sie von sich halten!« — kommen von den UNICEF-Geldern sowieso nur 20 % in den Entwicklungsländern an. Nach dieser Erfahrung kann ich nur sagen: Gottlob!

Ich glaube allerdings nicht, daß wir selbst bei größter Gewissenhaftigkeit und Überwachung der Genossenschaften die Macht der örtlich Einflußreichen mal so eben im Vorbeigehen unterlaufen könnten. Zu viel ist bekannt darüber, wie sie über Strohmänner Kontrolle ausüben und Projekte zu ihren Gunsten umfunktionieren, selbst wenn sie sich selbst nicht an einer Genossenschaft beteiligen dürfen. Wer könnte das von außen auch nur durchschauen, geschweige denn verhindern.

Stattdessen geben wir ihnen immer mehr Mittel in die Hand, um reicher zu werden und die Ärmeren auszubeuten.

Wir besichtigten auch eine Handpumpe, mit deren Hilfe man einen acre bewässern kann. Sie wird in Bangladesch selbst hergestellt. Obwohl ich nicht viel von Bewässerung verstehe, leuchtete mir deren Nutzung gleich ein: Sie ist arbeitsintensiv, für Kleinbauern geeignet und benötigt keine Devisen für Herstellung und Betrieb. Aber die Experten waren da anderer Meinung. Die Handpumpe sei zu arbeitsaufwendig, da sie Tag und Nacht betrieben werden müsse. Ein wahrlich einleuchtendes Argument angesichts von 50 % Landlosen in fast jedem Dorf.

Als schwerwiegendere Begründung dafür, daß wir die grossen Tiefbrunnenpumpen und nicht die kleinen Handpumpen installieren, führten die Experten die Grundwasserabsenkung an. Je mehr künstliche Bewässerung, desto tiefer sinkt das Grundwasser ab, und desto tiefer müssen folglich die Brunnen gebohrt werden. Im Distrikt Tangail rechnet man damit, daß in 10 bis 20 Jahren das Grundwasser so tief abgesenkt sein wird, daß man nur noch mit Tiefbrunnen überhaupt Wasser heraufholen kann. Dann werden wir es geschafft haben, auch noch dem letzten Kleinbauern seine Existenz zu rauben. Denn überall in Bangladesch gilt der Spruch »*irrigated land is rich man's land*« (bewässertes Land ist reichen Mannes Land). Erfahrungen in den USA, wo eben durch diesen Mechanismus der Grundwasserabsenkung infolge von Bewässerung ganze Regionen versteppen, können uns nicht beirren. Wir sorgen immerhin dafür vor, daß die Reichen auch morgen noch reich bleiben.

Klein, aber fein

Immer wieder stieß ich auf das Phänomen, daß wir einen Mißstand zu beheben suchen und dadurch nichts als Unheil stiften, weil unsere Analyse soziale und vor allem politische Bedingungen außer acht läßt. Unsere Grundannahme ist immer die, Bangladeschis seien selbst zu dumm oder ungebildet. Deshalb könnten wir mit technischen oder organisatorischen Maßnahmen Abhilfe schaffen.

Ein Beispiel dafür ist die Förderung des privaten Pumpenreparaturhandwerks. Eigentlich ist die Pumpenreparatur ein staatliches Monopol und soll kostenlos vom Reparaturdienst der BADC durchgeführt werden. Das funktioniert entweder gar nicht oder wenn, dann nur mit Bestechung. Wir versuchen deshalb, kleine Reparaturbetriebe zu fördern, wobei noch nicht feststeht, ob die Regierung das erlaubt. Da kämpfen wir noch. Für den Anfang haben wir einen kleinen Handwerker ausgeguckt, um ihn zu fördern. Das führte als erstes dazu, daß der Vermieter seiner Werkstatt die Miete von 250 auf 2000 Taka erhöhte. Hinzu kam, daß die teuren Maschinen, die wir ihm stellten, in der alten Werkstatt gegen Diebstahl nicht genügend gesichert werden konnten. Also was tun? Wir haben ihm ein massives Werkstattgebäude errichtet und sehr gute und teure Maschinen dort installiert, welche ich, sehr beeindruckt, auch besichtigte. Was allerdings jetzt aus all den kleinen Leuten wird, die bisher mit einfachen Mitteln in den Dörfern Pumpen repariert haben, kümmert uns nicht. Unbestreitbar ist jedenfalls, daß in Bangladesch jede gewünschte Arbeit von Bangladeschis getan werden kann. Der beste Beweis dafür sind schwierigste Autoreparaturen, die im Handumdrehen mit einfachsten Mitteln und viel Phantasie erledigt werden. Wenn die Pumpenreparatur bisher nicht so klappt, wie es wünschenswert wäre, kann es eigentlich nicht an technischer Unfähigkeit oder mangelhafter Ausstattung liegen. Doch das ist offensichtlich das Einzige, was wir uns als Ursache vorstellen können. Die wirklichen Gründe habe ich in der kurzen Zeit nicht herausgefunden.

Der zuständige Experte hielt dieses Vorgehen, einen Handwerker herauszupicken und so gut auszustatten, selbst nicht für richtig. Er hätte lieber mit dem Verteilen von einfachem Handwerkszeug begonnen. Aber das BMZ habe ja so gedrängelt, daß endlich etwas zu sehen sein müsse. Ich wußte davon nichts. Aber auf dem weiten Weg von Bonn über die GTZ in Eschborn, die Botschaft in Dhaka und über die Projektleiter können viele Leute ihre eigenen Vorstellungen durchsetzen und das entfernte BMZ vorschieben.

Beglückung mit Biogas

Da das gesamte Projekt nun wirklich am »*grass-root-level*«* ansetzen sollte, haben wir uns auch etwas für die Landlosen ausgedacht. Von uns eingerichtete Biogasanlagen sollten durch jeweils eine Gruppe von Landlosen mit gesammelten Kuhfladen und ihren eigenen Exkrementen gefüllt werden. Die Produkte Dünger und Gas könnten sie dann verkaufen oder selbst zum Beispiel bei der auch von uns geförderten Seidenraupenzucht nutzen.

Gleich bei der ersten Biogasanlage, die wir für eine Gruppe von Landlosen installiert hatten, waren diese allerdings in Streik getreten. Sie hatten von einem anderen Projekt erfahren, bei dem jeder Landlose eine Kuh erhalten sollte. Sie fürchteten nun, die Kuh nicht zu bekommen, wenn sie schon eine andere Einkommensquelle hätten. So ergänzen sich die an den Schreibtischen von Bonn, Paris, London, Washington und Tokyo ausgedachten Maßnahmen zum Segen der bangladeschischen Landlosen in wunderbarer Weise.

Außerdem gab es Schwierigkeiten, die Leute zu überreden, auf die gemeinsame Toilette zwecks Speisung der Biogasanlage zu gehen. Gar mit dem erzeugten Gas gemeinsam zu kochen, widerstand ihnen vollends. Ob hier nur Tabus gegenüber Fäkalien eine Rolle spielten oder ob sie befürchteten, daß sich wieder jemand auf ihre Kosten bereichern wollte, habe ich nicht in Erfahrung gebracht. Auf jeden Fall gab es in der Landlosengruppe, die das Betreiben der Biogas-Anlage einstellte, einen Anführer, der die anderen dazu angestiftet hatte. Es scheint so und entspricht aller Erfahrung, daß die Einflußreichen sich bezahlte Leute in solchen Gruppen halten, um die gutgemeinten und häufig auch sehr wirksam scheinenden Projekte in ihrem Sinne zu nutzen und bei Gefahr für ihre Macht zu boykottieren. Diesen Projektteil hat man mir jedenfalls erst gar nicht vorgeführt, vielleicht auch wirklich aus Zeitmangel.

Fischer bleib bei deinen Netzen

Die nächste großartige Idee für die Landlosen war die Fischerei. Überall in Bangladesch sah ich zahllose Fischteiche. Viele davon gehören der Regierung und werden von ihr verpachtet oder auch nicht beachtet. Wir hatten uns nun ausgedacht, daß die regierungseigenen Teiche eine hervorragende Einkommensquelle für Gruppen von Landlosen werden könnten, denn Fisch erzielt hohe Preise auf dem Markt. Eine Gruppe von Landlosen sollte jeweils einen von der Regierung zur Verfügung gestellten Teich bewirtschaften.

Unglücklicherweise meldete nun gleich beim ersten Teich, mit dem wir das Programm beginnen wollten, einer der Reichen der Umgebung Besitzansprüche an. Bis zur gerichtlichen Klärung dieses Falles können wir also nichts machen. Um ähnlichen Schwierigkeiten vorzubeugen, hatte der *District Commissioner* sich nun vorgenommen, die Eigentumsverhältnisse sämtlicher Regierungsteiche im Distrikt Tangail zu klären. Bei den Möglichkeiten, die bekanntermaßen die Reichen vor Gericht haben, kann man davon ausgehen, daß der erste große Erfolg dieses Projektteils der Übergang sämtlicher regierungseigener Teiche in den Besitz von Reichen ist.

Nachdem die Regierungsteiche für unsere Aktivitäten also nicht mehr, jedenfalls vorläufig, zur Verfügung standen, suchten wir uns den Teich einer Oberschule aus. Die Oberschule war eine Stiftung von Einflußreichen der Umgebung für die Kinder der Landlosen. Nach Angaben der Schulleitung kamen fast die Hälfte der Schüler aus solchen Familien. Der Direktor, der uns begrüßte, ein wendiger kleiner Herr mit grauem Haar, hat schon zweimal wegen Betrugs im Gefängnis gesessen. Die Schüler sollten von uns praktische Fischzucht lernen und der Ertrag aus dem Teich sollte in der aus Schülern und Lehrern gebildeten Gruppe, die den Teich bewirtschaftete, aufgeteilt werden. Als wir den Teich besichtigten, war dieses Programm gerade erst angelaufen. Als Experten hatten wir einen amerikanischen Soziologen angeheuert — für Landlose braucht man einen Soziologen, ist ja klar! —, der ihnen Fischzucht beibrachte. Inzwischen ist er als Experte für Familienplanung in unserem Familienplanungsprojekt tätig.

Nach Meinung dieses Experten hatten die Bangladeschis keine Ahnung von Fischzucht. Ihr Ertrag sei gleich null, da in den Teichen jeweils Raubfische alle anderen Fische fressen würden. Das kam mir zwar seltsam vor, da ich in vielen Teichen Fischer zum Teil in großer Zahl mit ihren Korbnetzen hatte stehen sehen. Die standen da so für nichts und wieder nichts? Aber der Experte mußte es ja wissen.

Nun sollte nach modernsten amerikanischen Methoden Fischzucht betrieben werden. Alles Notwendige würde völlig ohne Gegenleistung von einigen Reichen der Umgebung gestiftet. Das versicherte mir bestimmt und abschließend der Direktor, der sich an diesem Punkt sehr erregt in die Debatte einmischte, die ich mit einigen Lehrern am Rande des Teiches hatte. Erstens wird Fischfutter gekauft und in den Teich gestreut. Zweitens wird Düngemittel gekauft und in den Teich gestreut, damit die Algen, die als Fischnahrung dienen, schneller wachsen. Drittens wird Gift gekauft, und nach jeder Fischsaison, also ca. alle vier Monate, der gesamte Teich vergiftet, damit eventuell vorhandene Raubfische eingehen, bevor die neuen Fische eingesetzt werden.

Auf meine Frage, ob es nicht ungefährlicher, umweltschonender und arbeitsintensiver sei, den Teich leerzuschöpfen, kam als erstes das mir schon leidlich bekannte Argument, das sei zu arbeitsaufwendig. Dabei habe ich mit eigenen Augen gesehen, wie ganze Bewässerungssysteme in der Nähe von Flüssen so funktionieren, daß Männer mit großen, flachen Schöpfkörben Wasser in die Bewässerungskanäle schöpfen. Aber Auspumpen wäre doch immer noch besser als Vergiften, was mir halt so mit meinem Laienverstand einfiel. Nein, das ginge nicht, weil in den USA eine Tierschutzorganisation die dort auf solche Weise verendenden Fische gesehen und ein Verbot des Leerpumpens durchgesetzt hatte. Daraufhin ging man zum Vergiften über. In Bangladesch sah ich überall Kinder im Wasser spielen. Es ist eines ihrer Lebenselemente.

Bei einem Abendessen in einem der feinen Restaurants in Dhaka erfuhr ich später vom Leiter des BADC, einem sehr distinguierten Herrn, daß es selbstverständlich eine hochkomplizierte Fischzucht in Bangladesch gibt. Er erzählte mit wahrer Begeisterung davon. Es war das einzige Mal an dem Abend, daß er ein bißchen auftaute und mir nicht das Gefühl gab, das Gespräch mit einer Frau sei unter seiner Würde. Das Problem der Raubfische wird ganz einfach dadurch umgangen, daß man nur Sorten einsetzt, die sich nicht gegenseitig fressen. Gegen ihr ungewolltes Eindringen bei Überschwemmungen werden die Erdwälle um die Teiche herum einsprechend hoch aufgeworfen. Und falls auch das mal nicht genützt hat, pumpt man die Teiche leer und alle restlichen Fische fangen sich im Sieb der Pumpe. Es gibt besonders wertvolle Fischsorten, deren Laich an bestimmten Plätzen von Fachleuten gesammelt wird. Er sagte ganz begeistert: »*They are real experts!*« (Das sind wirkliche Experten). Unter ständigem, die Bewegung des Flußwassers nachahmendem Rütteln wird der Laich in Wasserbehältern zum Teil über weite Strecken, auch mit der Bahn, transportiert und auf den Märkten verkauft. Der Käufer bringt ihn unter weiterem Schütteln in kleine Vorzuchtteiche und setzt dann erst die kleinen Fische in die richtigen Teiche ein.

Nach dieser Lektion in bangladeschischer Fischzucht mit ihrer jahrhundertealten Tradition blieb mir nur ein Schluß. Der einzige Lerneffekt unseres Landlosen-Fischzuchtprojekts ist: Die Kinder müssen lernen, daß Wasser auch vergiftet sein kann. Hoffentlich merken sie es nicht zu spät.

Schildbürgerstreich

Nicht daß hier der Eindruck entsteht, wir seien nicht umweltbewußt. Im BMZ gibt es sogar eigens Formulare, auf denen man den Grad der Umweltschädlichkeit von Projekten ankreuzen muß. Neuerdings wurde ein Fachreferat für Umweltprobleme eingerichtet. Ergebnis solch grüner Überlegungen war die Projektkomponente »Integrierte Landwirtschaft«, die mich am Schreibtisch in Bonn besonders begeistert hatte. Man stellt sich »sein« Entwicklungsland immer quasi jungfräulich vor und meint, man müsse es mit seinen neuesten Ideen beglücken. Ich hatte nicht erwartet, daß niemand alle Möglichkeiten natürlicher Kreisläufe besser nutzt als ein bangladeschischer Kleinbauer, wenn man ihn nur läßt: ein ausgeklügelter Fruchtwechsel, der Jahreszeit und den speziellen Boden- und Wasserverhältnissen angepaßte Reissorten, Gemüse- und Obstbau — ich sah große Eiergurken sogar auf den Dächern der Hütten wachsen —, Ziegen- und Rinderhaltung ohne eigenen Futtermittelanbau usw. Ich weiß wirklich nicht, was gerade wir den bangladeschischen Bauern an integrierter Landwirtschaft beibringen sollten.

Wir haben uns also einen Bauern zwecks Demonstration herausgesucht, der sich sehr nahe an einer Straße angesiedelt hatte. Ein großes Hinweisschild darauf, daß es sich hier um ein Projekt der GTZ handle, sollte die Vorbeikommenden anlocken, sich von ihm die Segnungen der integrierten Landwirtschaft zeigen zu lassen. Man rechnete vor allem mit der Neugier der zahlreichen landwirtschaftlichen Berater, die diese Straße entlangkommen sollten. De facto tun sie es aber wohl selten, da sie sich nur in Ausnahmefällen aufs Land begeben.

Dieser Demonstrationsfarmer hatte sich ein kleines Stück Wald gerodet, was gegen eine minimale Pachtzahlung von der Forstverwaltung geduldet wurde, bestellte ein paar acre Land und ließ einige Kühe grasen. Für Familie und Vieh hatte er kleine Hütten errichtet. Was mir gezeigt wurde, sah auch sehr vielversprechend aus: Auf den Rat unseres Experten hin hatte er Komposthaufen und Miniteich angelegt und verschiedene Baumsorten gepflanzt. Wie mir inzwischen erzählt wurde, existierten schon ein paar Monate später die meisten dieser neuen Errungenschaften nicht mehr. Aber das GTZ-Schild ist dafür durch ein noch größeres ersetzt worden.

Dabei war gerade dieses Schild und die Aufmerksamkeit, die es erregen sollte und offenbar erregt hat, Anlaß für den einzig bisher feststellbaren Effekt dieses Projektteils. Die Forstverwaltung erhöhte als erstes die Pacht und stellte als zweites fest, daß der Bauer illegal das Land gerodet habe und eigentlich vertrieben werden müsse. Im Moment schützte ihn noch die gute Verbindung des Experten zur Forstverwaltung. Aber wir wollen ja schließlich nicht ewig dableiben. Falls er später seine Existenz verlieren sollte, war das eben ein ungewollter Nebeneffekt. Wollte man alle Nebeneffekte in den Griff bekommen, müßte man zu einer schon theoretisch undenkbaren Totalplanung übergehen oder selbst die Verwaltung übernehmen. Wunschtraum eines jeden Entwicklungsplaners.

Holzwege

Ein noch sehr viel verderblicheres Beispiel für ungewollte Nebeneffekte, vor denen wir beide Augen fest zumachen, ist der Ausbau der Straße von Kutupur nach Shakipur. Im Sinne der Grundbedürfnisorientierung der Entwicklungshilfe sind wir vom Großstraßenbau weitgehend abgekommen. Das komischste Exemplar dieser Sorte habe ich bei Dar-es-Salaam in Tansania gesehen, wo ein Stück perfekter deutscher Straße mit Ampelanlage und Mittelstreifen auf den Zentimeter genau an der Stelle aufhörte, bis zu der das Geld zugesagt war, und danach als normale afrikanische Sandholperstraße weiterführte. Selbstverständlich gibt es in Bangladesch noch weiterhin Großstraßenbau. Das schlimmste Beispiel dafür scheint mir eine Erschliessungsstraße in die Chittagong Hill Tracts im Süden des Landes zu sein, die ursprünglich mit australischer Entwicklungshilfe finanziert wurde. In den Chittagong Hills leben noch zum Teil nomadisierende Ureinwohner, die sich gegen die Landnahme der Bengalen aus der Ebene wehren. Die Chittagong Hills sind deshalb militärisches Sperrgebiet. Als der Widerstand der Einwohner gegen die Straße zu groß wurde, stellten die Australier die Finanzierung zwar ein, aber nun baut die Regierung sie in eigener Regie zu Ende. Sie ist militärisch zu wichtig.

Etwas Ähnliches gibt es in Pakistan. Um das immer noch unruhige Belutschistan zu befrieden, brauchte die Zentralregierung dringend eine große Einfallstraße aus dem Punjab dorthin. Unvorsichtigerweise hatte sie aber in dem dringlichen Entwicklungsplan für Belutschistan die militärische Bedeutung dieser Straße erwähnt, so daß sie für bundesdeutsche Entwicklungshilfe nicht mehr in Frage kam. Inzwischen wird die Straße mit japanischer Entwicklungshilfe finanziert.

Wir bauen nun also lieber kleine Straßen und Verbindungswege. Straßen müssen sein, obwohl in Bangladesch nur ausländische Experten und allerhöchste Regierungsbeamte in Autos herumfahren. Aber Straße bedeutet ja Fortschritt an sich. Der Holperweg, auf dem wir uns mit geborgten Fahrrädern und zu Fuß von Kutupur nach Shakipur begaben und auf dem uns nur gelegentlich ein büffelgezogener Wagen, ein Radfahrer oder Leute zu Fuß begegneten, wurde von Projektmitarbeitern gerade vermessen. Ganz nebenbei erzählte mir einer der Experten, daß die Straße als erstes dazu dienen werde, Holz in großem Stil abzutransportieren. Man werde den gesamten Wald der Gegend abholzen. Außer in den Chittagong Hills findet sich hier wohl der letzte größere Waldbestand Bangladeschs. Inzwischen fahren schon, wie ich erfuhr, die Straßenbaufahrzeuge alle hoch mit Holz beladen zurück. Außerdem wird die Straße all die Büffelkarren-Transportunternehmer arbeitslos machen, die bisher den Warenverkehr von und nach Kutupur bewerkstelligen. Einen Lastkraftwagen wird sich von denen keiner leisten können.

Freundschaftlicher Händedruck

Am Ziel unserer Wanderung nach Shakipur nahm uns der *Thana-Officer* — jeder Distrikt unterteilt sich in Thanas — gastlich auf. Um uns empfangen zu können, hatte er eigens sein Arbeitspensum für diesen Tag auf den Nachmittag verschoben. Es bestand darin, eine Gruppe von Landlosen, die sich im nahen Wald angesiedelt hatte, von dort zu vertreiben. Was denn aus den Leuten werde, wenn er sie vertreibe? Darüber habe er sich auch schon Gedanken gemacht. Bisher war ihm noch nichts eingefallen. Beim Abschied drückten wir auch dem Polizeichef, der zu seiner Unterstützung bei der Aktion gekommen war, die Hand. *Good luck!*

Freundliche Verabschiedung auch vom Vorsitzenden des *Union Parishad*, einer Art Kreistag. Diese Politiker verbringen ihre Zeit damit, in den Büros der Beamten herumzulungern, um mitzubekommen, wo wieder irgendein Entwicklungshilfeprojekt geplant ist. So erhalten sie frühzeitig alle notwendigen Informationen, um ihren Vorteil daraus zu ziehen. Das sind die Einflußreichen, mit denen wir angeblich immer zusammenarbeiten müssen, weil wir uns ja nicht in die inneren Angelegenheiten eines souveränen Staates einmischen können!

Der Geschmack der Ananas

Den einzigen Versuch, sich in die Machtstruktur in Bangladesch im Sinne der Ärmeren und nicht, wie durchgängig in allen Projekten, zum Nutzen und zur Stärkung der Reichen und Einflußreichen einzumischen, habe ich in Kutupur erlebt. Hier wurde mir klar, wie vergeblich ein solches Bemühen ist.

Als Weg nach Kutupur hatte der Experte mit Absicht einen besonders langwierigen ausgesucht, um mir die Härte des Expertenlebens vor Augen zu führen. Bei mir hatte das allerdings den entgegengesetzten Effekt, da ich Kahnfahrten und Wanderungen eher als romantisch denn als strapaziös empfinde. So fuhren wir drei Stunden lang mit *Country-Boats,* flachen Kähnen mit einem geflochtenen Dach als Regen- und Sonnenschutz in der Mitte, die gestakt werden und überall wunderbar leise Menschen und Waren transportieren. Im Gegensatz zu den schnellen Motorbooten, die wir zum Beispiel im Familienplanungsprojekt einsetzen — Experten müssen ja immer schnell zu ihren Einsatzorten eilen, auch wenn die Wellen des Motorboots häufig in die flachen Boote der Bangladeschis hineinschlagen und deren Waren verderben —, finden die *Country-Boats* ihren Weg auch noch auf völlig von Wasserhyazinthen zugewachsenen Flüssen. Kein Motor kann sich in den Pflanzen verhaken. Wir fuhren mit dem Boot mitten durch Reisfelder. Es gibt dort so an die natürlichen Verhältnisse angepaßte Sorten, daß sie mit steigender Überflutung mitwachsen. Die Überschwemmungen dürfen nur nicht zu schnell kommen.

Als wir an Land gingen, war es schon dunkel geworden. Wir marschierten weitere zwei Stunden auf halsbrecherischen und morastigen Wegen. Abends um zehn langten wir endlich im Dorf an. Mit seinen ungefähr zweitausend Einwohnern hatte es seit fünf Uhr nachmittags auf uns gewartet. Durch einen anrührenden, mit Blättern, Blüten und Tüchern geschmückten Willkommensbogen traten wir auf den Empfangsplatz, wo wir erst einmal unsere völlig verschlammten Schuhe und Hosenbeine unter der Pumpe notdürftig reinigten. Dann begrüßten uns die Honoratioren. In einer nach einer Seite offenen Hütte war ein Essen in mehreren Gängen für uns vorbereitet. Das Projekt hatte vorher dafür bezahlt, natürlich einem Reichen, da nur dieser so etwas auf die Beine stellen kann. Es gab mir schon ein sehr merkwürdiges Gefühl, als ich, selbstgekürte Helferin der Armen, als Gast eines Reichen vor den sich neugierig drängenden Hungrigen Fleisch und Reis in Menge vorgesetzt bekam. Jedes Reiskörnchen, das neben den Teller fiel — ich habe bis zuletzt das Essen mit den Händen nicht richtig gelernt, schon bei so einfachen Fertigkeiten haben wir unsere Probleme —, wurde einzeln aufgesammelt und hinausgetragen.

Schon auf der Bootsfahrt hatte ich mich schrecklich geschämt. Der Experte hatte für Proviant gesorgt und gab auch den Bootsleuten etwas davon ab. Weiße und besser gestellte Bangladeschis essen normalerweise das Innere von Ananasscheiben nicht mit. Es schmeckt zwar genauso gut wie der äußere Kranz, ist aber etwas holziger. Also wurden die inneren Teile der Ananasscheiben vor den Augen der Bangladeschis immer über Bord geworfen. Davon, daß ich sie aus Scham mitaß, hatten sie aber auch nicht viel.

Todmüde legte ich mich nach einer eigens für uns veranstalteten Festlichkeit auf dem Dachboden der Schule auf eine einfache Decke in der Erwartung, eine weitere Nacht schlaflos zu verbringen. In Bangladesch schlafen viele Weiße nur mit Hilfe von Schlafmitteln, vielleicht wegen des Klimas. Ich vermute aber auch, daß das Leben wie in Kolonialzeiten für einen demokratisch erzogenen Menschen psychisch nur schwer zu ertragen ist. Ich habe jedenfalls in Bangladesch nie vorher oder nachher so tief geschlafen wie auf dem Bretterboden in Kutupur. Vielleicht ist der harte Boden die dem Menschen angemessene Schlafunterlage.

Boykott aus Mitleid

Am nächsten Morgen besichtigten wir eines der Lagerhäuser, mit deren Hilfe wir die Mächtigen des Dorfes eines Teils ihrer Macht berauben wollen.

Der Teufelskreis für Kleinbauern, der dazu führt, daß jährlich ca. 5 %

der noch vorhandenen Landbesitzer ihr Land und damit ihre Existenzgrundlage verlieren, sieht folgendermaßen aus: Sobald ein Bauer Schulden hat, muß er direkt nach der Ernte, wenn die Preise am niedrigsten sind, seinen eigenen Reis verkaufen, um mit dem Bargeld die Schulden zu begleichen. Bis zur nächsten Ernte ist er dann gezwungen, Reis zu immer weiter steigenden Preisen für den täglichen Verzehr wieder zu kaufen. Häufig reicht es dann nur noch für den billigeren Reis von Hochertragssorten. Die Kleinbauern werden damit doppelt betrogen. Sie müssen ihren qualitativ hervorragenden Reis der lokalen Sorten zu niedrigsten Preisen verkaufen und können selbst nur den weniger gehaltvollen Reis der Hochertragssorten zu höheren Preisen essen.

Hinzu kommt, daß auch nur eine geringfügige Verschuldung bei einem lokalen Geldverleiher, meist einem größeren Bauern und örtlich Einflußreichen, früher oder später den Verlust von Grund und Boden bedeutet. Der Kleinbauer unterzeichnet das Schulddokument, normalerweise ein leeres Stück Papier, mit seinem Daumenabdruck und ist damit auf Gedeih und Verderb dem Reichen ausgeliefert. Denn Zinsen bis zu 200 % sind keine Seltenheit, und die einzige Sicherheit, die der Schuldner zu bieten hat, ist sein Stück Boden. Wenn der Geldverleiher es also auf sein Land abgesehen hat, so ist er es los, ohne sich wehren zu können. Polizei und Gerichte gewähren keinen Schutz, denn sie sind mit den Einflußreichen auf vielfältige Weise verflochten. Der Verlust des Landes aber gleicht in Bangladesch dem Todesurteil für den Bauern und seine Familie.

Mit der Landkonzentration sinkt auch die Produktion, denn jedermann ist bekannt, daß Kleinbauern die intensivste Landwirtschaft betreiben. Ich habe sogar innerhalb von Dörfern unbebautes fruchtbares Land gesehen. Auf meine Frage, warum das denn nicht genutzt werde, erhielt ich die Antwort, der Besitzer habe es nicht nötig, es zu bebauen. Dies und nicht Überbevölkerung ist einer der Gründe für den Hunger in diesem Land. Denn Bangladesch ist derartig fruchtbar, daß sich schon von 2–3 acre unbewässerten Bodens eine achtköpfige Familie ausreichend ernähren kann.

Um nun diesen Teufelskreis zu durchbrechen, haben wir Kooperativen gebildet und für jede von ihnen unter Einbeziehung von Eigenleistungen ein Lagerhaus gebaut. Mit diesem Reis als Sicherheit erhielten die Bauern Kredit von der Bank unmittelbar nach der Ernte und brauchten sie nicht zur Begleichung ihrer Schulden zu verkaufen. Wenn die Preise wieder anzogen, konnten die Genossenschaftsmitglieder dann ihren Reis mit Gewinn verkaufen, genauso wie es bisher die Reichen mit dem gehorteten Reis der Kleinbauern taten.

Als Nebeneffekt sollte noch dazukommen, daß die Nachernteverluste vermindert würden, die durch Ratten-, Mäuse-, Insektenfraß und ähnliches auftreten. Deshalb wird der Reis in Lagerhäusern aus Stein, die auch wegen der Räuber sehr fest gebaut sein müssen, mit modernsten chemischen Mitteln behandelt. Die wirklich relevanten Nachernteverluste entstehen allerdings während der oft äußerst schlampigen Einlagerung bei den Geldverleihern und Aufkäufern. Subsistenzbauern* hüten ihre Vorräte sowieso wie ihren Augapfel.

Zuerst war ich ganz begeistert davon, daß hier endlich einmal etwas wirklich Effektives für die Kleinbauern getan wurde. Man ging offensichtlich an die echten Ursachen heran und hängte sich nicht mit rein technischen Lösungen nur ein Fortschrittsmäntelchen um. Umso mehr enttäuschte mich eine nähere Betrachtung. Schon jetzt zu Beginn des Programms konnte man absehen, daß die Lagerhäuser in kürzester Zeit in der Verfügungsgewalt der Reichen landen würden. Nach Aussage des Experten war es nicht zu vermeiden gewesen, daß auch einige reiche Bauern in die Kooperative aufgenommen wurden. Der, bei dem wir speisten, gehörte dazu. Als ich ihn fragte, was ihn denn bewogen habe, einer Genossenschaft beizutreten, die er mit seinen großen Lagerräumen doch gar nicht nötig habe, antwortete er mit ernstem Gesicht: »*For mercy*« (aus Mitleid). Dann wandte er sich schnell wieder ab. Wahrscheinlich mußte er sich das Lachen verbeißen. Ich will die Funktion der Mildtätigkeit in der islamischen Gesellschaft keineswegs gering achten. An jedem Freitag zum Beispiel geben die Reichen den Armen zu essen. Aber was Mildtätigkeit in einer Selbsthilfe-Genossenschaft zu suchen hat, blieb mir schleierhaft.

So hat genau dieser Großbauer auch schon versucht, die anderen Mitglieder der Genossenschaft dazu zu überreden, den Kredit an die Bank einfach nicht zurückzuzahlen. Nur durch Eingreifen des deutschen Experten konnte dieser Boykottversuch noch einmal verhindert werden. Der wohl sehr engagierte Sekretär einer der Genossenschaften klagte in meinem Beisein völlig verzweifelt, daß seine Mitglieder sich weigerten, von ihm persönlich vorgeschossene 2000 Taka abzuzahlen. Der Experte versprach, sich auch darum zu kümmern.

Im übrigen hatte es nicht etwa die Genossenschaft selbst geschafft, den Kredit von der Bank zu erlangen. Der deutsche Experte sah nach eigener Aussage seine wichtigste Funktion darin, der Genossenschaft den Kredit besorgt zu haben. Natürlich wissen auch die Bauern, daß es nicht ihre neuen Sicherheiten waren, die ihnen in Wirklichkeit den Kredit verschafft haben, sondern das weiße Gesicht und das Prestige des deutschen Projekts.

Es gibt allerdings auch eine neue bangladeschische Bank, die Grameen-Bank, die an Gruppen von Kleinbauern und sogar an Landlose und Frauen Kredite vergibt. Sie fordert keine dinglichen Sicherheiten. Die Gruppe als Ganzes bürgt für die Rückzahlung. Diese Bank soll eine Rückzahlungsquote* von 95 % haben, eine Zahl, von der die Entwicklungsbanken sonst nur träumen können. Allerdings weigert sich die Grameen-Bank, auch nur einen Pfennig Entwicklungshilfe anzunehmen. Die Weltbank wollte sich dieses tolle Projekt nicht entgehen lassen, aber die Grameen-Bank hat jede Hilfe abgelehnt. Sie hat schon zu oft beobachten können, wie negativ sich der Einfluß von Entwicklungshilfe-Gebern auswirkt.

Die beiden Tage im Projekt »Ländliche Entwicklung im Distrikt Tangail« haben mich deshalb so geschockt, weil in diesem Projekt wirklich alles enthalten ist, was sich ein entwicklungspolitisches Herz nur wünschen kann. Aber nichtbeachtete Nebeneffekte bei einer kleinen Maßnahme wie dem Straßenausbau nach Shakipur können ein ganzes Gebiet unter den gegebenen gesellschaftspolitischen Umständen ökologisch ruinieren. Der Grundfehler aber besteht darin, daß wir auch mit dem besten Willen an den Machtstrukturen nichts ändern können, jedenfalls nichts im Sinne der Armen. Wie können wir uns auch einbilden, wir könnten bei einem Geflecht von lange und fest geknüpften Beziehungen einfach mal so den gordischen Knoten der Abhängigkeiten zerhauen? Selbst wenn ein Experte jahrelang in einem bangladeschischen Dorf säße und immer wieder die Macht seines Geldes und seiner Beziehungen spielen ließe, wäre ein Erfolg sehr fraglich. Denn selbstverständlich verwenden die Einflußreichen ihre ganze Energie darauf, ihre Position abzusichern und, wenn möglich, auszuweiten. Dazu sind wir mit unseren Projekten, unwillentlich mit diesem, freiwillig mit den anderen, willkommene Werkzeuge.

Von Lübke zu McDonald

Das Tangail-Projekt habe ich in seiner Erprobungsphase erlebt, das »Tierzuchtprojekt Savar« dagegen in seiner Endphase.

Die Entstehung dieses Projekts reicht in die Frühzeit der deutschen Entwicklungshilfe zurück. Auf einer seiner Reisen hatte Heinrich Lübke beim Anblick der mageren, damals noch ost-pakistanischen Rinder befunden: »Hier müssen Schwarzbunte Holsteiner her!« Nach langen Vorplanungen und Verhandlungen begann das Projekt schließlich 1969 und wurde zu einem riesigen und immer wieder verlängerten Projekt mit mehreren tausend Kühen. Ziel war es, Hochleistungskühe in Bangladesch zu verbreiten, um dadurch die Ernährung der Bevölkerung zu verbessern.

Meine erste Berührung mit Savar war theoretischer Art. Als ich 1974 ins BMZ kam, war der damalige Entwicklungshilfeminister Erhard Eppler gerade der ewigen Kritik an seinen Projekten überdrüssig. Zu meinen ersten Aufgaben im Öffentlichkeitsreferat gehörte es deshalb, eine Broschüre mit der Beschreibung erfolgreicher Projekte zu erstellen. Ich klapperte also brav alle Referate der Regionalabteilung ab. Keiner wollte mir ein gutes Projekt nennen können. Ziemlich fassungslos ging ich in das Inspektionsreferat. Die müßten ja den Überblick haben und könnten mir sicher eine Reihe positiver Projekte nennen. Nach langem Überlegen bot mir schließlich einer unserer erfahrenen Inspizienten Savar an mit der Begründung: »Nehmen Sie doch Savar. Da kann man nicht direkt nachweisen, daß es geschadet hat.« Bei genauerem Hinsehen hätte er aber wohl auch damals schon bemerken müssen, wie sehr auch dieses Projekt geschadet hat. Inzwischen könnte man sogar ausrechnen, wievielen Menschen es die Existenz raubte.

Überall in der Welt führen wir Tierzuchtprojekte durch mit der angeblichen Zielsetzung, den Hunger beseitigen zu wollen. Von meinem Bonner Schreibtisch aus hatte ich in Sambia ein Schweinezuchtprojekt betreut und in Pakistan ein Rinderzuchtprojekt begonnen. Während meiner Abgeordnetenzeit besichtigte ich in Ägypten ein großes Tierzuchtprojekt, das Savar sehr ähnlich sah. Dabei gehört es längst zur Allgemeinbildung, daß im Schnitt zur Erzeugung einer tierischen Kalorie sieben pflanzliche benötigt werden. Selbst wenn man bei der veralteten Methode der reinen Kalorienzählerei bleibt und andere Vitalstoffe außer acht läßt, ist die Förderung von Tierzucht mit eigenem Futtermittelanbau ein Unding. Wo die Ernährung der Menschen nicht einmal mit Grundnahrungsmitteln wie Reis sichergestellt ist, wird die Verschwendung guten Bodens für die Futtermittelproduktion zu einem verbrecherischen Luxus. In Dänemark war während des 1. Weltkrieges, als in Deutschland Hunger herrschte, niemand unterernährt, weil die Regierung die Tiere hatte schlachten und statt Futtermitteln Grundnahrungsmittel anbauen lassen. Aber was kümmern uns theoretische Berechnungen oder historische Erfahrungen, wenn es um das hehre Ziel der Modernisierung der Landwirtschaft geht.

Herren in Schutzhaft

Von Dhaka aus fährt man ungefähr eine Stunde auf einer gut ausgebauten Straße zum Projekt. Es liegt in einer bemerkenswerten Umgebung. Links eine Universität, auf deren Gelände beim letzten Generalstreik Studenten erschossen wurden. Ein Experte: »Die haben sich wahrscheinlich gegenseitig umgebracht. Aber da erfährt man ja nie was.« Hinter dem Gelände eine Militärsiedlung *(Cantonement)*. Dahinter ein Kernkraftwerk im Bau. Ein Experte in Savar: »Wenn das fertig wird, bin ich zum Glück schon weg.« Ich weiß nicht, welcher Geber dieses finanziert. Ein Kernkraftwerk ist sicherlich auch die dringlichste Investition in einem Land mit großen Erdgasvorkommen. Die Weltbank hatte vor zu prüfen, ob das Erdgas sich nicht für den Export verflüssigen lasse. Dann könnte man sinnigerweise Technologie und Uran für Atomkraftwerke importieren und das eigene Erdgas exportieren. Soweit also zur Umgebung.

Die Einfahrt zum Projekt wird bei Aufständen und Generalstreiks durch Polizei und Militär abgeriegelt. Das war das letzte Mal vor einem halben Jahr der Fall gewesen. Direkt hinter dem Eingang liegt denn auch auf Projektgelände eine Polizeistation. Das gesamte Areal wird von einer paramilitärischen Truppe bewacht.

Als ich vom Gespräch mit einem der bangladeschischen Kollegen eines Experten unerwarteterweise erst nach vier Stunden zurückkehrte, stand plötzlich direkt vor mir ein Soldat mit Gewehr und aufgepflanztem Bajonett. Er wurde gerade losgeschickt, um mich aus meiner gefährlichen Lage zu befreien. Nach Erfahrung des Experten dauern Gespräche mit Bangladeschis nämlich höchstens eine bis anderthalb Stunden. Als ich ihn verwirrt fragte, wer oder was denn hier eigentlich militärisch geschützt werden müsse, antwortete der Experte, das diene nur dem Schutz des ca. 100 m entfernt wohnenden Managers. Hierauf entwickelte sich eines der absurd anmutenden Gespräche, wie ich sie häufig in Bangladesch geführt habe. Eine leicht akzeptierbare erste Antwort erwies sich dabei häufig nach längerem Nachfragen als Mittel, die wirklichen Hintergründe nicht beim Namen nennen zu müssen. »Der Manager hat eben Angst.« »Wovor denn?« »Nein, der hat keine Angst. Das ist hier so eine Art Heimwehr. Da steckt man eben die jungen Leute in eine Uniform, um sie von der Straße zu kriegen, wie das der Adolf gemacht hat. Das war ja auch so eine Art Arbeitsbeschaffungsprogramm.«

Der Experte selbst behauptete zwar, er fühle sich auf der Farm vollkommen sicher, weil die Bangladeschis ihn alle mögen würden. Aber er erläuterte mir doch ausführlich, daß bei einem Aufstand auf dem Landweg nichts mehr zu machen sei. Beim letzten Generalstreik habe eine Weiße versucht, mit dem Auto nach Dhaka durchzukommen. Sie wurde schon an der Ausfahrt mit ihrer kleinen Tochter aus dem Auto gezerrt, und das Fahrzeug wurde demoliert. Die Polizei sah dabei tatenlos zu. Im schlimmsten Falle könne ihn aber die Botschaft jederzeit mit einem Hubschrauber herausholen lassen. Beim letzten Mal, als die Situation brenzlig war, hatten allerdings alle hochtechnischen Geräte, Vorrichtungen und Einsatzpläne der Botschaft nichts genutzt, weil der einzige Beamte, der damit umgehen konnte, nicht auffindbar war. Von der Beliebtheit der Experten habe ich jedenfalls beim Gang durch die Ställe und über die Felder, auf denen die Hochertragsgräser ausprobiert werden, nichts bemerkt. Ich habe keinen einzigen Arbeiter gesehen, der uns auch nur einigermaßen freundlich angeblickt hätte. Bei einigen vermeinte ich, Haß zu verspüren. Meinen Gruß hat kaum einer erwidert.

In einer Atmosphäre latenter Bedrohung übernachtete ich im Gästehaus des Projekts, einem total vergitterten Gebäude. Ich hatte Angst. Meine Bewacher mit ihren Gewehren umkreisten das Haus und riefen sich Parolen zu. Einer hat mich aber auch eine Zeit lang mit seinem sehr schönen Gesang erfreut. Viermaliges gräßlich lautes Heulen von Sirenen, die bei mir immer noch ganz tief sitzende Kriegsängste auslösen, trug nicht gerade dazu bei, meine Stimmung zu heben. Ich konnte auch beim besten Willen nicht verstehen, wieso die gesamte Gegend über Kilometer hinweg einschließlich des Universitäts-Campus nachts aus dem Schlaf geholt werden muß, nur um zum Beispiel den Beginn des Melkens anzuzeigen. Mich ängstigte die ganze Nacht über die Vorstellung, meine Bewacher könnten einfach mal den Spieß umdrehen und durch die Gitterstäbe ins Zimmer ballern. So wie die treuen Sepoy 1856 in Indien sich umgedreht und ihre »Herren« erledigt hatten.

Die ganze Situation gemahnte mich derartig an Kolonialzeiten, daß ich jedes Verständnis dafür gehabt hätte, wenn auch mich ein Einheimischer auf diese Weise von der »Bürde des weißen Mannes« hätte befreien wollen: So standen merkwürdigerweise die Häuser leer, die für die ehemals sechzehn Experten, von denen jetzt nur noch zwei zur Nachbetreuung da waren, errichtet worden waren. Die höheren bangladeschischen Angestellten waren erst gegen ihren Widerstand dazu gebracht worden, in die nach ihrem Geschmack zu großen Häuser zu ziehen. Jetzt hatte die Weltbank in Erwägung gezogen, das Projekt nach dem Weggang der Deutschen zu übernehmen. Es war aber noch nichts entschieden. Allein auf den Verdacht hin, daß wieder Weiße auftauchen könnten, mußten die Bangladeschis sofort die Häuser räumen.

Oder: Als am Nachmittag während der Projektbesichtigung ein Regen herunterprasselte, nahm der Experte einem Arbeiter einfach seinen Regenschirm weg, um ihn über mich zu halten. Der wurde klatschnaß und mußte auch noch hinter uns herlaufen, um seinen Regenschirm zurückzubekommen.

Oder: Der wunderschöne Swimming-Pool beim Gästehaus des Projekts war ausnahmsweise von den Experten selbst finanziert worden. (In anderen Projekten soll es üblich sein, diesen in den Projektakten als Feuerlöschteich zu deklarieren und aus Projektgeldern bezahlen zu lassen.) Die Bangladeschis, die den Swimming-Pool mitbenutzen wollten, waren beschieden worden, sie dürften nur erscheinen, wenn sie auch ihre Frauen in Bikinis mitbrächten. Die Experten wollten ihre Frauen nicht den gierigen Blicken der Bangladeschis aussetzen. So wurde der Swimming-Pool rein weiß gehalten.

Neben unserem Schutz vor Aufständischen aber war die wichtigste Aufgabe der Bewachungstruppe die Jagd auf Landlose. Diese kamen jede Nacht auf das riesige Gelände der Farm und schnitten sich Gras oder ließen ihre Kühe weiden. Zur Abschreckung wurde im Durchschnitt einmal pro Woche einer gefangen und auf die Polizei gebracht. Seine Kuh hielten sie in einem Gatter bei der Polizeistation, dem »*cow jail*«, fest, bis er eine Ablöse-Summe gezahlt hatte. Die Angaben schwankten zwischen 50 und 250 Taka, eine Summe, die jeden Landlosen endgültig ruinieren kann. So kann man sich leicht ausrechnen, wieviel Unheil das Projekt allein bei den Landlosen der Umgebung angerichtet hat. Lediglich während der kurzen Zeit ziviler Regierung wurde gelegentlich Gnade geübt, wenn der Landlose Parteigänger eines Politikers war und der sich erfolgreich für ihn verwendete. Unter der Militärregierung müssen wieder alle zahlen.

Kein Wunder also, daß man mich daran hinderte, in eines der das Projekt umgebenden Dörfer zu gehen. Ich hätte dies nur mit einem offiziellen Dolmetscher und in Begleitung der Projektleitung gedurft. Ein Bangladeschi, der mir einen spontanen Besuch ermöglichen wollte, wurde gewarnt. Das könne für ihn sehr unangenehme Folgen haben. Ich kam mir in den anderthalb Tagen in diesem Projekt wie in einem Gefängnis vor.

Großes Rind — schwaches Rind

In jahrelanger wissenschaftlich-züchterischer Tätigkeit haben wir in Savar ein Rind kreiert, das wenigstens unter bangladeschischen Verhältnissen überlebt und nicht mehr ganz so oft wegen der Hitze geduscht werden muß. Es hat auch einen mehr als doppelt so hohen Milchertrag wie die einheimischen Rinder. Nur zu welchen Kosten!

Erstens benötigt es einen eigenen Futtermittelanbau und nimmt damit dem Anbau von direkt zum Verzehr geeigneten Pflanzen wertvolles Land weg. Die einheimischen Rinder nähren sich von dem, was am Wegrand oder an Böschungen wächst. Da die Tiere ihrer Umgebung angepaßt sind, können sie sich mit dem sonst nicht genutzten Gras so gut ernähren, daß sie mit dem in der Regenzeit angefressenen Polster über die Trockenzeit kommen. Von den Savar-Kühen hingegen sind während des letzten siebentägigen Generalstreiks 25 Kühe verendet, da sie wegen des Stromausfalls nicht genügend mit Futter und Wasser versorgt werden konnten.

Zweitens ist das Savar-Rind, wie jede Hochleistungssorte, sehr viel anfälliger gegen Krankheiten als das einheimische Vieh. Das bedeutet nicht nur einen häufigen Impfzwang für das Rind selbst, sondern betrifft auch die gesamte Umgebung. Wenn nur bei einem Tier zum Beispiel Maul- und Klauenseuche auftritt, müssen sämtliche Rinder des Bezirks geimpft werden. Das kostet 50 bis 150 Taka, die der Tierarzt als Schmiergeld für die an sich kostenlose Impfung verlangt. So kann alleine die Existenz eines Hochleistungsrindes Viehbesitzer in seiner Umgebung ruinieren, indem es ihnen völlig unverschuldete Kosten verursacht.

Drittens können nur reiche Bauern die Kosten für Anschaffung und Haltung, für Futtermittel und regelmäßige tierärztliche Versorgung in Verbindung mit dem unvergleichlich höheren Risiko tragen. Sogar ein Besitzer von 20 acre bewässerten Landes, also ein reicher Mann, lachte mir ins Gesicht, als ich ihn fragte, ob er sich eine solche Kuh anschaffen würde: »Nein, nein.« Überhaupt hatte ich den Eindruck, daß die Bangladeschis das gesamte Projekt für Quatsch hielten. Jedenfalls lächelten sie immer mitleidig, wenn ich von den vermeintlichen Vorteilen sprach.

Die GTZ hatte sehr auf eine nochmalige Verlängerung des Projektes gedrängt mit der Begründung, daß bei den Kleinbauern in der Umgebung von Savar jetzt eine große Nachfrage nach den neuen Rindern bestehe. Eine simple Aufstellung der Kosten, die mir ein Bangladeschi vorrechnete, bewies, daß dies unmöglich war. Jeder Kleinbauer, der seine fünf Sinne beisammen hat, wird vernünftigerweise seine zwei bis drei acre mit eßbaren Pflanzen bebauen und nicht mit Hochertragsgras, für das er auch noch Düngemittel benötigt. Und das Ganze für eine zwar einträgliche, aber krankheitsanfällige Kuh, deren Kaufpreis er gar nicht aufbringen kann. Außerdem würde er die Sicherheit der Ernährung seiner Familie vom eigenen Grund und Boden zugunsten der Unsicherheit des Marktes aufgeben. Eine achtköpfige Familie muß für Essen in der Qualität dessen, was ein Subsistenzbauer an Reis, Gemüse und Obst ernten kann, ungefähr 100 Taka täglich aufwenden. Ein Liter Milch bringt acht bis zehn Taka. Aber auch die einheimische Kuh, die keinerlei nennenswerte Kosten verursacht, gibt schließlich drei bis vier Liter pro Tag.

Also kann die GTZ eigentlich nur Kontrakt-Bauern*, die per Vertrag für das Projekt arbeiten, gemeint haben. Mir wurde von drei Brüdern erzählt, die Subsistenzbauern auf drei acre Land gewesen waren. Das Projekt hatte ihnen zehn Kühe geschenkt und sie bei deren Haltung beraten. Ein lobenswerter Fall der Förderung von Kleinbauern. »Sie sind jetzt reiche Männer, besitzen große Häuser und ein Geschäft. Sie sind gerade dabei, ihren Grundbesitz zu vergrößern«, erzählte mir ein Bangladeschi. »Von wem können sie denn Land erwerben?« »Da gibt es immer schwache Leute.« Wir machen also ein paar Kleinbauern zu Großbauern. Auch ein Projekterfolg.

Bonzenmilch

Nicht nur das Projektziel, sondern auch jede Einzelheit in diesem Projekt erschien mir absurd.

Die produzierte Milch wird in großen Anlagen entrahmt, homogenisiert und pasteurisiert. Dann verpacken Verpackungsmaschinen sie in auch noch völlig unpraktische Beutel, solche viereckigen Plastiktüten ohne Boden, bei denen man ohne Spezialbehälter schon beim Aufmachen die Hälfte vergießt. Die 700 Arbeiter erhalten nichts davon. Zu meiner Beruhigung hörte ich, daß sie vor der Verarbeitung die Gelegenheit wahrnehmen, größere Mengen zu stehlen. Denn die Plastiktütenmilch geht nach Dhaka an die Beamten in den Ministerien. Daher ihr Spitzname »Bonzenmilch«. Auf dem Markt ist sie offensichtlich nicht absetzbar.

In langen Reihen lagen und standen die Kühe angekettet in den überdachten, offenen Ställen. Die Kälber wurden ihnen sofort nach der Geburt weggenommen. Sie durften nur einmal saugen, um auf die Beine zu kommen — wohl der einzige glückliche Moment in ihrem Leben. Dann wurden sie in »unseren Kindergarten« gestellt, wo sie sogar noch durch Gitter voneinander getrennt stehen mußten. Einem Kalb hing noch die Nabelschnur heraus. Es schreckte vor meiner Hand zurück, wohl spürend, daß es von menschlichen Händen nichts Gutes zu erwarten hat. Die Muttermilch wurde den Kühen abgepumpt, in einen großen Trog geleitet, von dem Trog zum Kälberstall herübergeschafft, von dem dortigen zentralen Trog an die einzelnen Kälber gefüttert. Das Ganze unter dem Motto Arbeitskräfteeinsparung.

Durch unsere Technikgläubigkeit scheint uns auch jedes Gefühl für den Unterschied zwischen menschlicher und unmenschlicher Begründung verloren gegangen zu sein. Denn als der Experte empfand, daß mich seine Antwort auf meine Frage, warum man die Kälber so schlecht behandle (»In Europa macht man das doch auch überall so«) nicht befriedigte, fügte er noch hinzu: »Die Bangladeschis gehen noch grausamer mit ihren Kühen um. Sie melken erst mal die Kühe für sich selber und lassen den Kälbern nur den Rest zum Trinken.« Als ob es keinen Unterschied zwischen Grausamkeit aus technischer Spielerei und der aus Überlebensnotwendigkeit gäbe.

Dabei spricht jede Arbeitsplatzeinsparung nicht nur den entwicklungspolitischen Zielsetzungen Hohn. Die Löhne in Höhe von 12 Taka pro Tag sind so niedrig, daß Rationalisierung auch ökonomisch wenig sinnvoll erscheint. Die Arbeiter haben nur zwei freie Tage im Jahr. Die Woche über wird durchgearbeitet.

So hatte denn auch die letzte Gutachtermission herausgefunden, das Projekt sei übertechnisiert. Daraufhin hat die GTZ zwar nicht die unsinnige Milchverarbeitung eingestellt, sondern noch eine neue Milchverpackungsmaschine geliefert, die gerade montiert wurde, als ich da war. Immerhin sollten die Traktoren reduziert werden. Diese ersetzen schon seit über zehn Jahren im Projekt Arbeitskraft von Landarbeitern, die Bangladesch im Übermaß hat, durch Dieselkraft, die eingeführt werden muß. Hier schien mir sehr deutlich zu werden, wie eine Verbesserung, und das wäre die Abschaffung von Traktoren ohne Zweifel, nur verschlimmbessert, weil das Ganze ein prinzipieller Unsinn ist. Denn jetzt mußte der deutsche Experte zusammen mit den Bangladeschis blutenden Herzens die mit viel Liebe gepflegten und gut erhaltenen Landmaschinen aus Lieferungen von Anfang der siebziger Jahre verschrotten. Wehmütig führte er mich an der Reihe blitzsauberer und funktionstüchtiger Traktoren entlang. Eine Lektion in Sachen Wegwerf-Gesellschaft für die überraschten Bangladeschis.

In der großen Werkstatt und Ersatzteil-Lagerhalle des Projekts erledigte der *Counterpart** des deutschen Werkstattleiters die Beschaffung der bangladeschischen Ersatzteile völlig selbständig, der Experte noch immer die der Importwaren. Wegen des Verwaltungsdschungels ist der bangladeschische Teil der Arbeit natürlich sehr viel komplizierter. Der Deutsche braucht ja nur über die GTZ zu bestellen. Dennoch fühlte sich der Deutsche unentbehrlich und meinte, der Bangladeschi sei ohne ihn aufgeschmissen.

Immer wieder war mir schon in Bonn von der GTZ erzählt worden, die Bangladeschis in diesem Projekt könnten sich gar nicht vorstellen, ohne die Deutschen auszukommen. In Savar erfuhr ich dann allerdings ganz nebenbei, welche Mühe es die beiden verbliebenen Experten gekostet hatte, die Bangladeschis zu einem Verlängerungsvertrag zugunsten ihrer weiteren Präsenz zu bewegen.

Von Bonn aus hatte ich die Nachbetreuungsphase dann tatsächlich nochmals um ein halbes Jahr verlängert. Es stand nämlich zu erwarten, daß das Riesenprojekt ohne den dauernden Nachschub von importierten Ersatzteilen bald zusammenbrechen würde. Deshalb suchten wir nach einem Weg, ohne Gesichtsverlust aus der Sache herauszukommen. Ein so großes gescheitertes Projekt hätte ein anschauliches Beispiel für verfehlte deutsche Entwicklungshilfe dargestellt.

Von Dhaka aus bequem zu erreichen, hätte es unserem Ansehen erheblich geschadet. Und unser Ansehen in der »*Donors Community*« (Geber-Gemeinschaft), die es in jedem Entwicklungsland gibt und die sich überall durch eine rege Party-Tätigkeit auszeichnet, liegt uns, wie jedem anderen Geber auch, sehr am Herzen. Es ist nicht nur der Nationalstolz, der einen dazu treibt, sondern man könnte auch an Einfluß auf die Politik des Nehmerlandes verlieren, wenn sich die eigene Position innerhalb der Geber verschlechtert. Vielleicht würde sogar, aber das ist sehr unwahrscheinlich, am deutschen Bewußtsein gekratzt, nach der Weltbank der beste und uneigennützigste Entwicklungshelfer der Welt zu sein.

So paßte uns die Überlegung der Weltbank sehr, das Projekt wenigstens teilweise zu übernehmen. Inzwischen soll sie es tatsächlich übernommen haben, alles, was wir gemacht haben, für Unsinn erklären und dasselbe nochmals von vorne anfangen.

Zur Ehre des BMZ muß ich zum Schluß sagen, daß wir, so viel ich weiß, dieses Projekt nicht mehr der Öffentlichkeit als besonders erfolgreich vorstellen.

Tatwaffe Telefon

So wie die landwirtschaftlichen Projekte zur Vernichtung der Existenzen von Kleinbauern und damit zu ihrem Ruin führen, so bewirkt die Entwicklungshilfe auf dem industriellen Sektor Unselbständigkeit, Abhängigkeit und damit Manipulierbarkeit auf höherer Ebene.

Siemens beteiligte sich 1968 mit 48 % am Aufbau einer Telefonfabrik in Tongi in der Nähe von Dhaka. Bei meinem Besuch machte diese auf mich einen ausgezeichneten Eindruck. Schöne, helle Arbeitsplätze, wie ich sie mir bei Fabrikbesichtigungen in meinem Wahlkreis oft gewünscht hätte. Siemens hält jetzt nur noch einen Anteil von 8 %. Die Fabrik wird voll von Bangladeschis gemanagt und versorgt das ganze Land mit Telefonen und Vermittlungsstellen. Lediglich noch einige wenige Legierungen, die in Bangladesch nicht produziert werden, müssen importiert werden. Und nur zwei Deutsche arbeiten dort noch als Integrierte Experten*. Das heißt, Bangladesch ist im Moment auf dem Fernmeldesektor total unabhängig und könnte von der Kapazität von Tongi her gesehen sogar exportieren. Ein schöner Erfolg von Entwicklungshilfe, die während der Entstehungszeit die notwendigen Importe und Experten finanzierte, und einer Privatinvestition: Eigenproduktion und damit Unabhängigkeit auf einem Sektor für Bangladesch.

Doch das läßt uns nicht ruhen. In den Regierungsverhandlungen 1982 zwischen der deutschen und der bangladeschischen Regierung sagte die Bundesregierung 10 Mio. DM für Vermittlungsstellen in EWS-Technik zu, einer Technologie, die zu dem Zeitpunkt in der Bundesrepublik erst in vier Vermittlungsämtern angewandt wurde. Natürlich kamen weder die bangladeschische Seite noch das BMZ von selbst auf so eine perverse Idee. Da mußte Siemens schon Geburtshilfe leisten.

Daß Siemens so einfach das große Geschäft mit der Einführung der Elektronik in das Fernsprechsystem Bangladeschs machen sollte, rief nun die Weltbank und die Japaner auf den Plan. Die Japaner schenkten Bangladesch zwei Vermittlungsämter und die Weltbank schrieb das Gesamtprojekt international aus. Siemens vermutete seinerseits, daß bei der Weltbankausschreibung geschmiert wurde, denn in der Ausschreibung sind die Verbindungsteile zwischen Fernwahlämtern und Ortsämtern nicht enthalten. Wären diese eingeschlossen, könnte sich Siemens wohl eine gute Chance ausrechnen. So aber war die deutsche Firma hoffnungslos im Hintertreffen. Also argumentierte Siemens, daß die Weltbank die Telefonfabrik in Tongi kaputtmachen würde, wohingegen mit der Siemens-EWS-Technik das Werk wenigstens noch teilweise zu gebrauchen wäre. Von Siemens liegen im BMZ inzwischen Entwicklungshilfe-Vorschläge über 100 Mio. DM vor, die dann irgendwann als offizieller Antrag der Regierung von Bangladesch erscheinen werden.

Als Minister Warnke im Anfang seiner Minister-Zeit noch mit gesundem Menschenverstand und nicht mit Entwicklungshilfe-Logik argumentierte, führte er bei Gesprächen auf internationaler Ebene immer das Weltbankvorhaben, die elektronische Telefontechnik in einem der ärmsten Entwicklungsländer einzuführen, als besonders krasses Beispiel für den verfehlten Einsatz von Entwicklungshilfe-Geldern an. Die Begründung für EWS klingt ja auch nicht gerade besonders überzeugend: In zehn Jahren werde es auf dem Weltmarkt keine Ersatzteile mehr für die jetzt angewandte EMD-Technik geben. Daß Bangladesch gar keine Ersatzteile mehr einzuführen braucht, da es sämtliche Komponenten selbst herstellt, stört die Argumentation nicht. Außerdem benötigten die neuen Vermittlungsstellen weniger Platz als die alten EMD-Ämter. Das sei doch ein wichtiger Gesichtspunkt bei dem Landmangel in Bangladesch. Daß die Vollklimatisierung aber bei der neuen Technik hundertprozentig klappen muß, was unter bangladeschischen Verhältnissen nur mit eigenen Generatoren und auch dann nur schwer zu bewerkstelligen ist, fällt bei diesem Gedankengang nicht ins Gewicht. Der Minister wurde denn auch erst schweigsamer, als er davon unterrichtet wurde, daß wir selbst die grandiose Idee in die Welt gesetzt hatten. Inzwischen scheint die Sache nach einem Besuch von Schwarz-Schilling in Bangladesch doch noch für Siemens zu laufen.

Bangladesch wird mit der EWS-Technik auf unabsehbare Zeit von Lieferungen hochtechnisierter Komponenten aus dem Industrieland abhängig, das den großen Brocken abbekommt.

Ähnlich ist es in Pakistan gelaufen, wo allerdings wohl nicht Siemens den Vorreiter spielte, sondern die Weltbank von sich aus das Telecommunication-IV-Projekt vorantrieb. Dabei hat die Weltbank gerechterweise von vornherein eine Kofinanzierung der verschiedenen Lieferantenländer eingeplant. Auf die Bundesrepublik entfielen dabei 60 Mio. DM, wovon 10 Mio. Siemens selbst als Lieferantenkredit übernahm. Nicht nur mein Referat im BMZ, sondern sogar die Kreditanstalt für Wiederaufbau (KfW), welche die Finanzielle Zusammenarbeit* im Auftrag des BMZ abwickelt und normalerweise für die Wünsche der Industrie ein offenes Ohr hat, leisteten Widerstand, weil uns das ganze Projekt für Pakistan technologisch völlig überzogen erschien. Baß erstaunt waren wir dann alle, als sich die Leitung des BMZ plötzlich für das Projekt entschied. Ein hoher Vertreter der pakistanischen Regierung gestand mir privat, er halte das Projekt auch für Unsinn, aber was könne man schon gegen die Weltbank ausrichten. Jetzt hätten die Deutschen ja schließlich auch nachgegeben. Zur selben Zeit hatte die Weltbank den Pakistanern ein Eisenbahnprojekt verboten, das wir in ungefähr gleicher Höhe finanzieren wollten, und das kurz vor der Durchführung stand. Der Direktor der pakistanischen Eisenbahnverwaltung sagte mir, die Weltbank habe ihm keine stichhaltigen Gründe für dieses Verbot genannt. Sie habe aber gedroht, im Falle des Zuwiderhandelns würde Pakistan keinen Pfennig mehr für die Eisenbahn erhalten. Ich wurde den Verdacht nicht los, daß die Weltbank auf diese Weise das nötige Geld bei uns für ihr bevorzugtes Telecommunication-Projekt freischaufeln wollte. Inzwischen läuft schon das nächste Telecommunication-Programm, welches bei der pakistanischen Telefonfabrik Hunderte von Arbeitsplätzen vernichtet.

Auf diese Weise wird die gesamte Dritte Welt mit Fernmeldeprojekten modernster Technologie überzogen. Kaum ist ein Land auch nur auf einem Gebiet unabhängig, halten wir schon wieder die nächste Überraschung bereit.

Eine Beschäftigung muss sich doch finden lassen

Unsere Experten im Projekt »Berater für das Fernmeldewesen« scheinen, soweit ich sehe, bisher keinen Schaden angerichtet zu haben. Sie fühlten sich nur schlicht überflüssig. Nach eigener Aussage könnten ihre jeweiligen *Counterparts*, denen sie eigentlich gute Ratschläge geben sollten, alles genauso gut alleine.

Die letzte Großtat des Projekts war die Einführung von Generalüberholungen von Vermittlungsämtern. Eine sehr vernünftige Maßnahme, die deren Überlebenszeit entscheidend verlängern würde. Nur befürchteten die bangladeschischen Angestellten in den Vermittlungsämtern, daß nach einer Generalüberholung der jeweilige Etatposten für Reparaturen zusammengestrichen würde. Und dieser wurde bisher, wohl nach einem festen Schlüssel, unter den Beschäftigten verteilt und galt als zusätzliches Einkommen. Aus diesem Grunde beschädigten die Angestellten dann Teile mit Absicht, um den Nachweis für die Notwendigkeit weiterer Reparaturgelder in gleicher Höhe wie vorher zu erbringen.

Auf jeden Fall waren die Experten unseres Projektes eine gute Siemens-Lobby im Ministerium.

Einer der Experten plante gerade Vermittlungsstellen und Telefonanschlüsse für die Chittagong Hill Tracts, wie gesagt, militärisches Sperrgebiet. Ob die Einwohner dort denn überhaupt Telefon wollten? Jeder wolle doch Telefon, zum Beispiel, um schnell einen Arzt rufen zu können. Sehr wahrscheinlich werden die Telefonanschlüsse als erstes in den Hütten der traditionellen Heiler installiert, die in ganz Bangladesch den größten Teil der medizinischen Versorgung bestreiten. Während meiner Anwesenheit in Bangladesch hielt der Oberste Kriegsrechtsverwalter General Ershad im Fernsehen gerade eine große Rede, in der er mit Tränen in den Augen pathetisch das Land in den Chittagong Hills für die Bengalen reklamierte. Journalisten, die etwas über die Zustände dort veröffentlicht hatten, waren sofort im Gefängnis gelandet. Bei zunehmender Stationierung von Militär brauchte man natürlich auch mehr Telefone. Vielleicht war das Projekt doch nicht so harmlos, wie es auf den ersten Blick erschien. Es stand aber auch kurz vor seiner Beendigung.

Eins plus Eins macht Null

Aber diese technologischen Spielereien sind nur ein Nebenkriegsschauplatz. Den eigentlichen Vernichtungsfeldzug führen wir auf dem Gebiet der Landwirtschaft. Gemäß den Entwicklungspolitischen Grundlinien der Bundesregierung hat dies oberste Priorität. Und da ist Bangladesch auch am verwundbarsten.

Ich wurde zum Haus der »Agroprogess« gefahren. Diese deutsche Consulting* hat sich in Dhaka ein eigenes Haus gemietet, weil den Experten die Arbeitsbedingungen in den Büros des Ministeriums zu schlecht waren und sie sich in den eigenen Räumen wohler fühlten. Das wog ihrer Meinung nach den erschwerten Kontakt zu ihren *Counterparts* im Ministerium auf. Die Agroprogress managt von hier aus mehrere deutsche Projekte und eines der EG.

Consulting-Firmen schaltet die GTZ immer dann ein, wenn es ihr zu schwierig erscheint, einzelne Experten für ein Projekt zusammenzusuchen. Außerdem bilden die Consultings eine starke Lobby. Der Nachteil dabei: Neben 6,5 % Verwaltungskostenpauschale für die GTZ muß auch noch für die Consulting ein Gewinn aus den Entwicklungshilfe-Geldern herausschauen. Außerdem sind Consultings natürlich an Projektverlängerungen interessiert und nicht daran, sich selbst überflüssig zu machen.

Das Projekt »Förderung von Weizensaatgut« soll Hochertragssorten von Weizen und Reis im Land verbreiten und so die Nahrungsmittelproduktion im Land verstärken. In Bangladesch gibt es nur einige einheimische Weizensorten mit geringen Erträgen. Der Vorteil von Weizen ist, daß er weniger Wasser als Reis benötigt. Er kann aber auf der anderen Seite bei den feuchten Klimaverhältnissen nur mit viel größerem Aufwand für Trocknung und chemische Schutzmaßnahmen gelagert werden. Er wird im März geerntet, und im Mai beginnt die Regenzeit mit einer entsprechend hohen Luftfeuchtigkeit. Selbst wenn er nur im Winter angebaut wird, kann sich seine Anbauzeit mit der des

Frühjahrreises überschneiden und diesem dann Konkurrenz machen. Nach Ansicht eines Nahrungsmittelexperten aus einem anderen Projekt ist der Anbau von Weizen sowieso Unsinn, da Reis auf dem Weltmarkt doppelt so hohe Preise erziele wie Weizen. Man könnte also viel besser Reis exportieren und dafür die doppelte Menge Weizen eintauschen.

Bei dem Gespräch mit den Experten des Projekts wurde ich mit einer erstaunlichen Analyse konfrontiert. Der Projektleiter war nicht anwesend. Er hätte mir das Projekt sicherlich geschickter schmackhaft gemacht. Auf der Hälfte des dafür geeigneten Bodens werde jetzt Weizen angebaut. Mehr sei nicht sinnvoll, da derselbe Boden auch für verschiedene Gemüse geeignet sei. Auch mit Weizensaatgut könne sich Bangladesch inzwischen selbst versorgen. Auf meine Frage, was sie denn dann hier noch zu tun hätten, folgte betretenes Schweigen. Nach einer Weile fielen ihnen nach und nach ein Paar Dinge ein, die noch verbessert werden sollten.

Wir finanzieren seit Jahren zusammen mit der EG »Lieferungen von Weizensaatgut« nach Bangladesch. Diese Lieferungen sollten das Projekt zur Förderung der Produktion von Weizensaatgut, welche das Land von solchen Importen unabhängig machen soll, vorläufig noch ergänzen. Die größte Sorge unserer Experten war nun, daß unsere eigenen Weizensaatgutlieferungen die mit ihrer Hilfe aufgebaute Eigenproduktion von Saatgut wieder zerstörten.

Im letzten Jahr hatten sie schon erhebliche Schwierigkeiten gehabt. Die staatliche Aufkauforganisation bevorzugte es, an Stelle des im eigenen Land produzierten Saatguts das kostenlos importierte Saatgut an die Bauern zu verkaufen. Nur eine energische Intervention des Projektleiters brachte sie dazu, wenigstens 70 – 80 % der einheimischen Produktion abzunehmen. Die restlichen 20 – 30 % mußten die Bauern zu geringeren Preisen als Konsumweizen auf dem Markt absetzen. Diese Erfahrung verleidet es ihnen, die Kosten und Mühen des Saatgutanbaus nochmals für nichts und wieder nichts auf sich zu nehmen. So schadet jedes importierte Korn der Eigenproduktion, weil die Bauern mit der Konkurrenz des geschenkten und billig verkauften Saatguts nicht mithalten können.

Hier zeigte sich wieder einmal der auf allen Gebieten zu beobachtende Mechanismus, daß die Regierung die Eigenproduktion durch Anträge auf entwicklungshilfefinanzierte Importe untergräbt. In diesem Fall ist die Farce vollkommen, weil wir Deutschen den Erfolg unseres eigenen Projekts mit Hilfe eines anderen kaputt machen. Die bangladeschische Regierung hat schon längerfristig Lieferverträge mit Indien abgeschlossen. Auf ihr Drängen hin sagte die Bundesregierung auch nach meinem Besuch noch die Finanzierung weiterer Lieferungen zu.

Auslese

An einem anderen Tag besuchte ich zusammen mit dem Projektleiter, den übrigen Experten und dem *Counterpart* des Projektleiters einige Teile des Projekts auf dem Land. Auf einer Staatsfarm von 500 acre und von einer großen Zahl von Kontraktbauern mit bewässertem Land — was, wie gesagt, schon einen gewissen Reichtum voraussetzt — wird unter Anleitung des Projekts Saatgut angebaut. Besonders beeindruckten mich die riesigen Maschinen zur Saatgutauslese. Mir wurde stolz berichtet, die Saatgutauslesemaschinen erreichten einen Reinheitsgrad von 97 %, während die staatliche Vorschrift für zertifiziertes Saatgut nur 94 % betrüge. Vor dem großen Gebäude, in dem die Maschinen untergebracht waren, lag ein weiter, gepflasterter Platz, auf dem in den Anfängen des Projekts sehr arbeitsintensiv Saatgut von Hand ausgelesen worden war. Die Maschinen hatten wegen der notwendigen höheren Qualität angeschafft werden müssen.

Um einen Eindruck davon zu vermitteln, wie schwierig sich häufig die Wahrheitsfindung bei solchen Projektbesuchen gestaltet, will ich die mir gegebene Begründung für die Existenz dieser Maschinen nachvollziehen. Die Antworten auf meine Fragen kamen vom Projektleiter oder vom *Counterpart.*

»Wie war denn der Reinheitsgrad bei der Handauslese?«
»Das wissen wir nicht.«

»Aber wenn der Qualitätsunterschied der Grund für die Anschaffung der Maschinen war, muß man diesen Unterschied doch kennen!«
»Wir wissen nur, daß die Bauern das Saatgut abgelehnt haben, weil es so schlecht war.«
»Aber wenn man Leute schulen und gut beaufsichtigen würde, wie wäre dann die Qualität, so über den Daumen gepeilt?«
»Na ja, man hat damals das Saatgut zur Auslese an Bauern in den Dörfern verteilt und da war der Reinheitsgrad wahrscheinlich so um die 80 %. Bei den verwendeten Hochertragssorten wirkt sich Unreinheit besonders ungünstig aus wegen Krankheiten und rascherer Degeneration der Sorten.«
»Aber nun mit geschulten Kräften? Zum Beispiel müßten sich doch Landlose, die gerade erst ihr Land verloren haben, auskennen. Und bei guter Aufsicht. Das muß doch möglich sein.«
»Dann wären es 100 %.« — Peinliches Schweigen. — »Aber das ist auch nicht gut. Bei völliger Reinheit einer Getreidesorte sinkt ihre Widerstandsfähigkeit gegen Krankheiten.« — Pause — »So merkwürdig das klingt, aber selbst in Bangladesch gibt es zu Erntezeiten Arbeitskräftemangel.«
»Wie bitte, eine Stunde von Dhaka mit seinen überfüllten Slums entfernt?«
»Und außerdem sind die Arbeitskräfte viel zu teuer.«

Ich hatte vorher zufällig gehört, daß es unter den Arbeitern bei der Handauslese Streiks gegeben hatte. Entwicklungshilfe wird hier also als Streikbrecher eingesetzt. Die Arbeiter an den mit Höllenlärm produzierenden Maschinen haben noch nicht gestreikt. Auch nicht die Frauen, die in den Hallen mit kurzen Besen ständig den Boden kehren. Man nimmt dazu Frauen, weil sie biegsamer sind, wurde mir erklärt.

Fremder Reis

Das Projekt versuchte auch, Hochertragssorten für Reis zu verbreiten. Die Experten beklagten einhellig, daß die Bauern Hochertragssorten ablehnten und lieber weiter ihre lokalen Sorten anbauten. Verständlicherweise, da die Nachteile der Hochertragssorten inzwischen weltweit bekannt sind. Sie verursachen hohe Kosten: Kunstdünger, Insektizide und Pestizide und alle vier Jahre neues Saatgut, da nach dieser Zeit selbstproduziertes Saatgut degeneriert und außerdem etwa in diesem Rhythmus noch nicht bekämpfbare Krankheiten auftreten. Die einheimischen Sorten bringen zwar einen geringeren Ertrag pro acre, dafür aber brauchen sie weder Pflanzenschutzmittel noch Kunstdünger. Sie sind ihren jeweiligen Standorten optimal angepaßt aufgrund einer jahrhundertelangen Selektion. In Bangladesch, einem Land in der Größe von Baden-Württemberg plus Bayern, gedeihen 30.000 verschiedene Reissorten. Aufgrund unseres Feldzugs für die Hochertragssorten wird sich diese Vielfalt wohl bald nur noch in den Gen-Banken unserer Chemie-Konzerne finden lassen. Aber wenn es auch nur — noch? — 2.500 Sorten sind, wie ein anderer Experte meinte, holen diese doch das Optimale aus dem Boden statt aus dem Kunstdünger. Dieser Reis ist daher nahrhafter, schmeckt besser und erzielt einen höheren Preis auf dem Markt. Darüber hinaus ist er sehr viel resistenter gegen Krankheiten. Wenn alles gut geht, bringen die Hochertragssorten zwar einen höheren Gewinn als die einheimischen Sorten, aber das Risiko durch die notwendige Verschuldung, die ein Kleinbauer für die Aufwendungen auf sich nehmen muß, ist für ihn untragbar hoch. Wenn es schief geht, verliert er nämlich nicht nur eine Ernte, sondern verliert nach dem oben beschriebenen Verfahren auch noch sein Land an den Gläubiger, der ihm die Kosten vorfinanziert hat.

Drastisch wurde uns dies bei einem Gespräch mit Kontraktbauern des Projekts vor Augen geführt. Sie erzählten, in ihrem Dorf gäbe es sechzig Familien. Davon sei die Hälfte landlos, ein Viertel besäße wenig, ein Viertel viel Land. Von den fünfzehn armen Bauern hätten allein im letzten Jahr zwei ihr Land verloren. Weshalb? Einer von ihnen hatte eine Hochertragssorte angebaut. Sein Land wurde überschwemmt. Als das Wasser zurückgegangen war, versuchte er es noch mit einer schnellwachsenden lokalen Sorte, aber die Zeit reichte nicht mehr. Er und seine Familie seien jetzt »*almost starving*« (am Verhungern). Der Experte, den ich später darauf hinwies, meinte, ich hätte doch gehört, daß es nicht an der Sorte, sondern an der Überschwemmung gelegen habe!

Überhaupt schien das Gespräch mit den Bauern den Experten langweilig und irrelevant zu sein, denn sie verzogen sich einer nach dem anderen. Später warf mir einer von ihnen vor, ich redete an der Sache vorbei, wenn ich dauernd nach den einheimischen Sorten fragte. Die machten doch nur 4 % der Projektaktivitäten aus. Ich habe es auch nicht geschafft, den Experten den Hintergrund meiner Fragen verständlich zu machen. Das Dogma vom Segen der Hochertragssorten sitzt zu fest. Bangladeschische und deutsche Fachleute gemeinsam versuchten mir ungefähr eine halbe Stunde lang zu erklären, warum Saatgut sich neuerdings innerhalb von vier Jahren so sehr verschlechtert, daß vom *Agricultural Board* neues gekauft werden muß, während es sich doch unbestritten über Jahrtausende seinen jeweiligen Standorten immer mehr angepaßt und verbessert hat. Wir mußten das Gespräch abbrechen, weil keiner verstand, was der andere meinte.

Die Bauern, mit denen wir sprachen, lobten zwar einmütig die Hochertragssorten, sagten aber genauso einstimmig, sie äßen selbst lieber Reis der eigenen Sorten. Die Deutschen meinten, das läge nur am Geschmack, an den sie gewöhnt seien. Um nun herauszufinden, ob den bangladeschischen Bauern nicht doch bekannt ist, daß die einheimischen Sorten gehaltvoller sind als die importierten Hochertragssorten, versuchte ich es mit einem Beispiel. Ich hatte nämlich in Bangladesch die Erfahrung gemacht, daß ich auf abstrakte Fragen auch nur abstrakte und damit nichtssagende und der mir unterstellten Erwartungshaltung entsprechend Antworten erhielt. Obwohl ich mit dem Leben in einem bangladeschischen Dorf nicht gerade vertraut bin, dachte ich mir ein Beispiel aus diesem Lebensbereich aus: »Ein fast verhungertes Kind hat eine Schale mit Hochertragsreis vor sich. Eine Frau mit einer Schale derselben Menge von lokalem Reis kommt vorbei und tauscht die beiden Schalen aus. Hat sie damit etwas Gutes oder Böses getan?« Die Bauern verstanden nicht. Ein Experte griff ein: »Das verstehen die nicht. Das ist zu abstrakt.« Auf meine nochmalige Nachfrage hin erklärten die Bauern, das komme nicht vor. Höchstens, wenn das Kind krank sei. Dann sei das natürlich eine gute Tat. Für mich war das ein Hinweis darauf, daß sie sehr wohl wußten, daß ihre eigenen Sorten gehaltvoller sind.

Während der Rückfahrt mit dem deutschen Projektleiter und seinem *Counterpart* hatte ich Gelegenheit, ausführlich mit dem Bangladeschi zu reden. Er ging wie selbstverständlich davon aus, daß die Bauern, mit denen wir als Kontraktbauern zusammenarbeiten, aufgrund dieser Bevorzugung die anderen betrügen und ausbeuten können. Meine Frage, was sie mit dem zusätzlichen Geld machen, beantwortete er als Erster nicht mit der Standard-Replik »Sie erwerben zusätzliches Land«, sondern er nannte eine Reihe anderer Dinge wie Mitgift, Kindererziehung und Geschäfte. Meine Verwunderung mißverstehend, sagte er lachend zum Projektleiter: »Sie will mich dazu bringen zu sagen, daß sie Land erwerben!« Ich erklärte ihm, daß mich im Gegenteil seine Aufzählung sehr beruhigt hätte. Darauf er wieder ernst: »Natürlich erwerben sie Land.« Als wir eine ganze Weile von den Kontraktbauern als »den Betrügern« sprachen, griff der Projektleiter ein und mahnte uns, dies sei doch wohl keine angemessene Bezeichnung. Gegen die Tatsachen selbst sagte er nichts.

Alle scheinen wie selbstverständlich in Kauf zu nehmen, daß sowohl durch die Förderung reicherer Bauern als auch schon durch die Einführung von Hochertragssorten selbst die Bauern in großer Zahl ihr Land verlieren. Selbst bei einer Steigerung der nationalen Produktion würden so immer mehr Menschen in Bangladesch hungern, weil sie sich den Reis nicht mehr kaufen können. Das stört uns, das hehre abstrakte Ziel vor Augen, nicht im geringsten. Trotz des Hungers im eigenen Land hat Bangladesch schon jetzt Reis exportiert.

In meinen Ohren zynisch klingender, vom Projektleiter aber völlig ehrlich als Trost gemeinter Abschluß dieser Projektbesichtigung: »Wenigstens verschafft das Projekt dann den landlos Gewordenen Arbeitsplätze bei den Großbauern.« Für hundert vormals selbständige Bauern zehn Tagelöhner-Jobs — das ist Entwicklung und Fortschritt.

Importe, die den Hunger bringen

Beim Saatgutprojekt kann man uns, glaube ich, Borniertheit, aber nicht unbedingt bösen Willen unterstellen. Bei der Nahrungsmittelhilfe sieht die Sache schon völlig anders aus. Hier wird mit vollem Wissen und Gewissen unter dem Deckmantel der Mildtätigkeit Hunger produziert. Welche verheerenden Wirkungen die Lieferungen von Nahrungsmitteln aus den Überschuß produzierenden Industrieländern, vor allen Dingen der USA und der EG, auf die Erzeugerpreise und damit die Eigenproduktion in den Entwicklungsländern haben, ist inzwischen von Honduras über die Sahel-Länder bis nach Asien genügend dokumentiert worden und über die Bildschirme gelaufen. Die inländischen Erzeuger können mit den Billig-Importen oder Geschenken aus dem Ausland nicht konkurrieren. Niedrigpreise machen den kleinen Erzeuger kaputt. Die Regierungen aber haben ein Interesse an weiteren Lieferungen, weil sie aus dem Verkauf ihren Staatshaushalt finanzieren und mit niedrigen Preisen für Grundnahrungmittel die städtischen Massen ruhig halten. Nebenbei können so auch die Industrielöhne niedrig gehalten werden, was besonders die ausländischen Investoren freut.

Die bangladeschische Regierung bezeugt ebenso wie die Geber entgegen allen anderslautenden Beteuerungen keinerlei Interesse an einer Eigenversorgung des Landes mit Nahrungsmitteln. Sie unterhält ein ganzes *Ministry of Food*, das seine Existenz nur mit den Lebensmittelimporten rechtfertigt. Im Jahre 1983 wurden 1,2 Mio. t geschenkte und 0,4 Mio. t selbst gekaufte Nahrungsmittel eingeführt. Nach Aussage eines unserer Experten wäre das Land innerhalb von drei bis vier Jahren Selbstversorger, wenn das für die Importe aufgewandte Geld zum Aufkauf im eigenen Lande verwendet würde. Die Bauern könnten dann sogar aus ihrem Erlös Pumpen und Düngemittel selbst bezahlen. Und wir könnten unsere ganzen großartigen landwirtschaftlichen Projekte vergessen. Sogar eine vorerst noch notwendige Subventionierung der Abgabepreise für Nahrungsmittel wäre leicht aus einer Besteuerung der Landwirtschaft finanzierbar.

Unsere »Nahrungsmittelhilfe-Lieferungen« gehen zum größten Teil ins Rationing-System, zum kleineren in Food-for-Work-Programme. Das Rationing-System versorgt mit kostenlosen Sonderzuteilungen die Staatsdiener und Militärs und dient der Ernährung der Gefangenen. Wir unterhalten also ganz direkt und physisch den gesamten Macht- und Ausbeutungsapparat.

Im Tierzuchtprojekt wurde mir erzählt, daß sich theoretisch sämtliche bangladeschischen Mitarbeiter des Projekts in regelmäßigen Abständen entsprechend ihrer Familiengröße in dem dortigen Depot des Rationing-System Nahrungsmittel abholen können. In der Praxis ist aber häufig für die Arbeiter nichts mehr da. Einer unserer Experten dort war fest davon überzeugt, die Arbeiter seien nur zu faul, sich anzustellen. Bei ihrem Hungerlohn hegte ich meine Zweifel an dieser Darstellung. Sie wurden bald bestätigt, als mir ein Bangladeschi erklärte, daß sich die höheren Angestellten die Lebensmittel unter den Nagel reißen und damit auf den Märkten spekulieren. Das hat dann die schon erwähnten Folgen für die Preise, wenn die Bauern ihre eigenen Erzeugnisse auf dem Markt anbieten wollen.

Denselben Effekt haben die Food-for-Work-Programme. Diese gelten in der Entwicklungspolitik immer noch als großartige Idee: Infrastrukturmaßnahmen werden dadurch finanziert, daß man die Arbeiter nicht mit Geld, sondern mit Nahrungsmitteln entlohnt. Bei Food-for-Work zu arbeiten gilt als niedrigste soziale Stufe, ähnlich einem Bettler.

Wie man mir erzählte, sind in Bangladesch diese Infrastruktur-Maßnahmen äußerst schlecht geplant. Zum Beispiel baut man Straßen ohne Drainage, so daß das Wasser in die anliegenden Felder fließt und die Überschwemmung verstärkt. Wieder einer dieser unbedeutenden Nebeneffekte, die Menschen das Leben kosten können. Oder es werden auch ganze Straßen in der Monsunzeit wieder weggeschwemmt. Aber das wären leicht zu verbessernde Fehlleistungen.

Schlimmer wirkt sich die Verteilung von Nahrungsmitteln selbst aus. Erstens zweigen schon die örtlichen Verwalter der Depots in großem Stil Nahrungsmittel ab und werfen sie auf den Markt. Zweitens verkaufen auch die Arbeiter selbst ihnen zugeteilte Lebensmittel, um notwendiges Bargeld zu erhalten. Ein Experte zeigte mir auf der Landkarte genau die Gegenden, in denen im letzten Jahr Food-for-Work-

Programme durchgeführt worden und entsprechend die Reispreise gesunken waren.

Das Problem sei schon von der bangladeschischen Regierung diskutiert worden, sagte er mir. Mit welchem Ergebnis? Keinem. *The program must go on.* Ich fragte auch bei einem Abendessen den Staatssekretär des Landwirtschaftsministeriums, ob Food-for-Work wegen dieser Auswirkungen denn nicht dem erklärten Ziel der Regierung, die Eigenproduktion zu steigern, widerspreche. Er beruhigte mich. Die Food-for-Work-Programme seien ja im Verhältnis zur Gesamtproduktion geringfügig. Das könne man vernachlässigen. Pro Jahr werden allein in Bangladesch sieben Millionen Menschen in Food-for-Work beschäftigt.

Das »Ernährungssicherungsprogramm« ist aus den Nahrungsmittelhilfe-Lieferungen der siebziger Jahre hervorgegangen, um die Bangladeschis bei der Lagerung und Verteilung zu unterstützen. Die beiden Experten hielten sich ehrlicherweise für eigentlich überflüssig, da die Bangladeschis alles auch selber verstehen. Aber als Ausländer könnten sie im Bedarfsfall bei den Behörden eben mal etwas schneller durchsetzen. Und es sei schon gut, wenn jemand unsere Nahrungsmittel-Lieferungen wenigstens bei ihrem Eintreffen kontrolliere. Wieviel danach von wem und wohin abgezweigt wird, weiß sowieso niemand.

Wir besichtigten die riesigen Lagerhallen in Dhaka. Lauter schöner, weißer, geschälter, polierter amerikanischer Reis lagerte dort. Warum der denn geschält und damit seiner wertvollsten Substanzen beraubt in ein Hungerland gebracht werde? Das sei eben in den USA so üblich und werde automatisch gemacht. Der Reis war in so glatten Plastiksäcken verpackt, daß die Lagerarbeiter ihn nicht fassen und auf den Köpfen transportieren konnten. Also benutzten sie Haken, um sie zu bewegen. Ich zählte pro Sack zwischen acht und zehn Löcher, aus denen nicht nur der Reis herausrann, sondern die auch wieder einen erhöhten Einsatz von Chemikalien zum Schuz vor Schädlingen notwendig machten. Aber sie hatten auch ihre guten Seiten: Sie erleichterten es den Arbeitern, ihren Teil abzuzweigen. Direkt vor dem Lager hatte sich sogar ein eigener Markt für gestohlenen Reis gebildet.

Die Amerikaner schicken auch den Reis nicht etwa, wenn die Bangladeschis ihn brauchen, sondern wann es ihnen paßt. Nun sind unglücklicherweise gerade zu Monsunzeiten die amerikanischen Lager überfüllt. Das ergibt dann einen Stau bei den Transportschiffen im Hafen Chittagong. Bei extrem hoher Luftfeuchtigkeit liegen sie dort bis zu dreißig Tagen auf Reede und können, sobald es regnet, nicht entladen werden. Für die Kosten dieser Wartezeiten muß zum größten Teil die bangladeschische Regierung aufkommen. Die amerikanische staatliche Entwicklungshilfeorganisation USAID habe auf Proteste der Regierung hin mitgeteilt, das sei wegen der Lobby in den USA nicht zu ändern.

Im Jahre 1971 hat die Weltbank entschieden, daß der Reis zum größten Teil in Silos zu lagern sei. Dadurch kann er mit minimalem Arbeitskräfte- und maximalem Maschineneinsatz von den Schiffen abgesaugt und in die Silos eingebracht werden. Gegen diese arbeitsplatzsparende Maßnahme hat es immer wieder Empörungen gegeben, und auch jetzt noch werden häufig von den Arbeitern Silos boykottiert. Ob man das denn nicht wieder umstellen könne? Nein, die Entscheidung für Silos sei nun mal gefallen. Es werden weiter neue Silos gebaut. Mit Entwicklungshilfegeldern.

Gift belebt das Geschäft

Fassungslos gemacht aber hat mich das »Pflanzenschutzprojekt«, bei dem es für mich keine Flucht in eine abstrakte Zieldefinition wie Steigerung des Bruttosozialprodukts geben konnte. Wenn ich es vorher noch nicht hatte begreifen und in letzter Konsequenz akzeptieren wollen, so wurde mir hier unabweisbar vor Augen geführt, daß ich mit meiner Unterschrift unter die Projektverlängerung Teil eines Mordapparates war.

Zur Vorgeschichte: Ich ging von vornherein mit Mißtrauen an dieses Projekt heran. Pflanzenschutzmaßnahmen waren mir erst einmal verdächtig. Die Erfahrungen in Deutschland ebenso wie die Erzählungen von Kollegen über Projekte mit giftsprühenden Flugzeugen und Bilder von solchen im Fernsehen, die rücksichtslos über Menschen und Tiere hinwegspritzten, hatten mich vorsichtig gemacht. Die neueste Art von Projekten sind denn auch Labors zur Untersuchung von Rückständen — so pflanzt sich Entwicklungshilfenotwendigkeit fort und immer fort.

In Pakistan besuchte ich einmal bei Quetta ein Projekt der *Food and Agricultural Organization* (FAO), dessen Projektleiter mir sagte, es sei ihm völlig klar, daß durch seine Tätigkeit die Schädlinge hier spätestens in vier Jahren resistent sein würden. Meine Bemühungen, in Pakistan biologische Schädlingsbekämpfung zu fördern, wurden sowohl im BMZ als auch von der pakistanischen Regierung als persönlicher Tick abgetan und mit freundlicher Mißachtung behandelt.

So hatte denn auch auf meine Intervention hin die GTZ das Ziel des Pflanzenschutzprojektes in Bangladesch noch schnell in »integrierten Pflanzenschutz« umdefiniert. Das war aber auch die einzige Korrektur, die ich noch durchsetzte. An den Inhalten änderte sich dadurch nichts. Als ich Bangladesch als Arbeitsbereich übernahm, war die durch das Projektabkommen abgedeckte Zeit schon vorbei. Ohne BMZ-Entscheidung konnte die GTZ die Verträge der Experten nicht verlängern und hätte sie bei weiterer Verzögerung heimberufen müssen. Das hätte nicht nur hohe Kosten, sondern auch unnötige Irritationen auf der bangladeschischen Seite verursacht. Außerdem muß man jeweils in regelmäßigen Abständen vor dem Abteilungsleiter rechtfertigen, warum Experten ohne Projektabkommen draußen sind. Die Bedenken meines Vorgängers im Amt gegen dieses Projekt hatten sich in langwierigen Verhandlungen mit der GTZ niedergeschlagen, die auf erneute Einwände sehr gereizt reagierte. Meine inhaltliche Argumentation war auch nicht fundiert genug, um mit den Fachleuten der GTZ mithalten zu können. Ich unterschrieb also mit schlechtem Gefühl. Aber schließlich mußte ich die Sache vom Tisch bekommen.

Zu meinen Vorurteilen gegenüber dem Projekt trug auch bei, daß die GTZ einem Experten den Vertrag nicht verlängert hatte, weil dieser dem Entwicklungshilfereferenten der Botschaft gegenüber Kritik am Projekt geäußert und — quel horreur! — diese sogar mit Bangladeschis besprochen hatte. Die GTZ empfand das als nicht tragbares illoyales Verhalten.

Das Projekt soll also die Bangladeschis lehren, mit verschiedenen, aufeinander abgestimmten Methoden ihre Pflanzen zu schützen. Der Pflanzenschutz, den wir in Bangladesch verbreiten, ist aber in Wirklichkeit nicht im mindesten integriert, sondern eine reine Propaganda für den Einsatz von Chemie. Der Projektleiter wußte von integriertem Pflanzenschutz nur so viel — oder jedenfalls teilte er mir nur so viel mit —, daß man in China mit biologischen Methoden am weitesten sei. Aber man kennt keine Einzelheiten. Er hielt meine beständigen Fragen während des Projektbesuchs für so irrelevant, daß er sich sogar einmal zu einer Bemerkung hinreißen ließ wie: »Das ist das erste vernünftige Wort, das Sie heute sagen!« Ein ungewohnter Anwurf für mich, da man sonst immer wie der liebe Gott persönlich behandelt wird. Ein Papier über die Einführung von echtem integriertem Pflanzenschutz, das er mir versprach, ist denn auch, soviel ich weiß, bisher im BMZ nicht eingetroffen. Vielleicht ist es bei der GTZ hängengeblieben.

Dies ist allerdings kein Thema für Scherze. In der Gegend von Barisal südlich von Dhaka, wo ein großer Teil der Bevölkerung vom Fischfang lebte, ist schon jetzt das Wasser so verseucht, daß nicht mehr gefischt werden kann. Durch die dauernden Überschwemmungen werden die Pestizide in alle Flüsse getragen und berauben die Menschen einer wichtigen Nahrungsquelle.

Spritzgeräte für Pflanzenschutzmittel stehen nur selten zur Verfügung. Die Bauern, mit denen wir im Saatgutprojekt sprachen, beklagten sich, daß das Projekt ihnen keine oder zu wenig Spritzgeräte zur Verfügung stellte. Sie müßten die Gifte mit der Hand verteilen. Das veranschaulichten sie mit Handbewegungen wie man etwa Salz in die Suppe streut.

Da die Pflanzenschutzmittel häufig nicht nur aus Sparsamkeitsgründen unzulässig verdünnt eingesetzt werden, sondern sogar schon verdünnt verkauft werden, entwickeln sich bei den Schädlingen Resistenzen. In Dhaka hatte es jüngst sogar den Skandal gegeben, daß bei einem groß angelegten Programm der Moskito-Bekämpfung auf den Teichen simples Wasser versprüht wurde.

Dabei sind Pestizide überhaupt nur für Hochertragssorten notwendig, da die einheimischen Sorten weit weniger anfällig für Krankheiten sind. Notfalls reicht bei ihnen ein Absammeln befallener Pflanzenteile von Hand aus. Gegen Insektenfraß wehren sich die Bauern durch das Anlocken von Vögeln. Sie stecken einen Stab in die Mitte des Feldes, um ihnen einen Ruheplatz zu bieten. Oder sie pflanzen dort einen Baum, den sie nach zwei Jahren wieder fällen, damit er keine Sonne wegnimmt. Er dient dann noch als Feuerholz. Oder Frösche besorgen die Arbeit. Der Export von Froschschenkeln für unsere Feinschmecker-Restaurants beraubt Bangladesch allerdings mehr und mehr dieser natürlichen Art der Insektenbekämpfung. Das schadet aber nichts. Denn durch den Export von Froschschenkeln verdient das Land ja die Devisen, mit denen es dann Insektizide von uns kaufen kann. Das regt in wünschenswerter Weise den Welthandel an.

Das ganze Projekt war also schon von der Anlage her auf reiche Bauern gemünzt, da nur diese im Normalfall das Risiko von Hochertragssorten eingehen, und für die lokalen Sorten keine Pflanzenschutzmittel benötigt werden.

Wir arbeiten auch in diesem Projekt wie selbstverständlich nur mit großen Bauern zusammen. Diese sogenannten Pilotbauern sollen in der Theorie ihre von uns erworbenen Kenntnisse an die Kleinbauern weitergeben, obwohl sich auf der ganzen Welt erwiesen hat, daß die Demonstrationsfarmen nicht den geringsten Effekt auf ihre Umgebung haben. Die Restriktionen für Kleinbauern sind nämlich ganz andere als die für die Großen. Man denke nur an die oft über die Existenz eines Kleinbauern entscheidende Frage, ob er sich auch nur geringfügig verschuldet oder nicht. In diesem Fall kann man natürlich nur froh sein, wenn die Pestizid-Verwendung bei den Kleinbauern nicht erfolgreich propagiert wird.

Weitere Fragen drängten sich mir auf. In Bangladesch besitzen auch Großbauern nur in Ausnahmefällen ihren Boden in einem zusammenhängenden Stück. Das bedeutet, die Äcker von Groß-, Klein- und Kleinstbauern und Pächtern sind durcheinandergewürfelt. Muß nun nicht ein Großbauer, der auf seinem Land eine Hochertragssorte zieht, alle seine kleineren Nachbarn dazu zwingen, zum Beispiel auch Insektizide anzuwenden? Sonst würden doch die Schädlinge immer neu in sein Getreide überwechseln. Muß er seine kleineren Nachbarn nicht sogar dazu bringen, selbst Hochertragssorten anzubauen, weil sonst sein Getreide noch schneller als in vier Jahren degeneriert? Wird er nicht, falls er Rattengift-Köder legt, diese auch seinen kleineren Nachbarn aufzwingen, weil sonst die Ratten nicht erst nach vier Wochen bei ihm wieder einmarschieren? Falls das so ist, würden die Kleinbauern durch die von uns eingeführten Neuerungen zu Geldausgaben gezwungen, die sie sich nicht leisten können und die ihnen nichts nützen. Wer weiß, mit wievielen Mitteln die Mächtigen im Dorf ihre Interessen gegen die weniger Mächtigen durchsetzen, wird diesen Verdacht nicht los. Auf meine Fragen erhielt ich immer nur vage Antworten wie »Das ist möglich«. Wir wissen da nichts Genaueres. Wir kennen ja immer nur die Großen. Und was machen sie mit dem Geld, das sie durch unsere Hilfe mehr einnehmen? Sie erwerben Land.

Die dummen Bauern und ihre fleißigen Berater

Obwohl ich diesem Projekt nur von ganzem Herzen Mißerfolg wünschen konnte, weil ein Erfolg schreckliche Schäden anrichten würde, mußte ich mich dennoch immer wieder über seine Ineffizienz wundern. Das Projekt lief nun seit 1978. Der Projektleiter führte mir auf den Feldern die verschiedenen modernen Methoden wie Lichtfallen vor, mit deren Hilfe herausgefunden werden sollte, welche Schädlinge wo herumfliegen. Einfacher wäre es sicherlich, nur einmal die Bauern zu fragen. Aber die werden von niemandem für voll genommen, es sei denn als potentieller Absatzmarkt. Entwicklungshilfe dient hier der Marktöffnung und -sicherung. Ein Experte: »Die Bauern sind schon so weit von den Chemie-Firmen indoktriniert, daß sie Chemikalien nachfragen.« Per Beratungsdienst werden den Bauern die »richtigen« Pestizide, Fungizide, Herbizide, Insektizide, was es so alles an Giften gibt, angedient.

Beratungsdienste gibt es in unvorstellbarer Menge in Bangladesch. Jeder Geber läßt sich für die dummen Bauern etwas Neues einfallen. Berater für Pflanzenschutz, Berater für Saatgut, Berater für Düngemittel, Berater für Familienplanung und als Krönung von allem Sozialarbeiter, die mit der Dorfjugend Sport treiben sollen! Alle Beratungsdienste sind Teile der zuständigen Ministerien oder unterstehen diesen. Sie sind fein säuberlich in einer Hierarchie von oben nach unten organisiert. Als mir einmal der Aufbau eines Beratungsdienstes erklärt werden sollte, bat ich, ihn mir vom Bauern über den Berater vor Ort usw. nach oben zu erläutern. Das ging nicht. Es sei zu schwierig und leichter von oben nach unten zu verstehen.

Das glaubte ich gerne. Denn alle Beratungsdienste haben einen Schönheitsfehler: Die Berater gehen nicht in die Dörfer. Selbst bei gutem Willen können sie das auch nur sehr beschränkt. Die Tagegelder für Reisen betragen 5 Taka. Wenn man sich nicht zu Fuß und schwimmend fortbewegen will, belaufen sich aber die Reisekosten auf 10 bis 35 Taka. Außerdem werden selbst die 5 Taka ebenso wie das Monatsgehalt von 360 – 500 Taka häufig halbe Jahre lang nicht ausbezahlt. Ein Pflanzenschutzberater schilderte uns das an seinem eigenen Fall, während sein Vorgesetzter, ein junger Mann aus Dhaka, wissend dazu grinste. Die mir angebotene Theorie, die Berater zahlten aus reinem Diensteifer die Reisekosten aus eigener Tasche, klang mir denn auch sehr glaubwürdig.

Außerdem hat sich bei den Beratungsdiensten ein fest eingefahrenes System herausgebildet. Auf jeder Stufe der Hierarchie gibt der jeweilige Untergebene einen bestimmten Teil seines Gehalts an den Vorgesetzten ab. Dieser akzeptiert dafür ohne Nachfragen den vorgelegten

Tätigkeitsbericht. Der ermordete Präsident Zia-ur-Rahman, der wohl ernsthaft versuchte, die Verwaltung zu verbessern, soll bei seinen Überrraschungsbesuchen nur selten jemanden bei der Beschäftigung angetroffen haben, für die er vom Staat bezahlt wurde.

In dem Thana, den wir besuchten, gab uns der Vorgesetzte der Pflanzenschutzberater einen guten Einblick in seine Arbeitsweise. Als wir ankamen, saß er hinter einem leeren Schreibtisch und plauderte beim Tee mit einem Freund. Er erzählte uns denn auch sogleich, er arbeite jeden Tag von morgens bis abends und am Freitag nehme er sich noch Arbeit mit nach Hause. Ein ernsthaftes Gespräch mit dem älteren Pflanzenschutzberater versuchte er zu verhindern, indem er diesem immer die Antworten auf meine Fragen vorgab. Erst als ich den Berater abgeschirmt hatte, erfuhr ich etwas über dessen Arbeit und Schwierigkeiten. Er schien mir einer der vielen engagierten Bangladeschis zu sein, die durch das von uns zum Teil aufgebaute, zum Teil verstärkte System von Institutionen und Korruption behindert werden.

Der Projektleiter verwandte einen großen Teil seiner Energien darauf zu versuchen, daß das Projekt an einer anderen, höheren Stelle der Verwaltung in Dhaka angesiedelt würde. Der Direktor für Pflanzenschutz im zuständigen Ministerium, dem bisher das Projekt zugeordnet war, würde dadurch nicht nur an Status verlieren, sondern auch den Zugriff auf die Projektmittel über den Projektleiter einbüßen. Er hatte allerdings die Möglichkeit, sich aus genügend anderen Quellen schadlos zu halten: Er entschied über Importlizenzen für Pflanzenschutzmittel, das heißt, wer was in welcher Menge nach Bangladesch verkaufen darf, und darüber, ob die importierten Nahrungsmittel krankheitsfrei waren oder nicht. Außerdem benutzte er die fünf Sprühflugzeuge auch privat. Die deutsche Industrie hatte ihn überredet, weitere Sprühflugzeuge zu beantragen. Nach meiner Erinnerung ist ein entsprechender Antrag der bangladeschischen Regierung auch über meinen Schreibtisch gegangen. Er leistete jedenfalls verständlicherweise unseren organisatorischen Wünschen gegenüber Widerstand. Die GTZ hatte denn auch die gewünschte Umorganisation ohne vorherige Absprache mit der bangladeschischen Seite in den Entwurf zur Verlängerung des Projektabkommens hineingeschrieben. Als ob man damit einen solchen Mann überlisten könnte.

Ich kenne solche Kämpfe aus vielen Projekten. Wir halten einen Teil der Verwaltung für ineffektiv und denken uns eine gute Lösung aus. Meist haben wir dann die Idee, die betreffende Aufgabe zu privatisieren oder wenigstens eine neue, unabhängigere Organisation zu schaffen. Ob wir unsere Idee durchsetzen können, hängt von unserem Drohpotential ab. Wenn ihr dies oder jenes nicht tut, gibt es für dies oder jenes kein Geld. Groteske Formen nimmt das beim Bevölkerungsprogramm an. Da kommen die Bangladeschis mit dem Umorganisieren gar nicht mehr mit, weil die Weltbank ihnen spätestens alle zwei Jahre eine Neuorganisation vorschreibt, häufig in genauem Gegensatz zu der, die beim letzten Mal aktuell war.

Der Clou des Pflanzenschutzprojektes sollte der Aufbau eines Frühwarnsystems im ganzen Land sein. Dieses Vorhaben ist kurz nach meinem Besuch ad acta gelegt worden. Ich erwähne es nur als Beispiel dafür, welchen Unsinn wir den Bangladeschis aufschwatzen. Wenn man nicht davon ausgeht, daß in absehbarer Zeit im ganzen Land nur noch einige wenige Hochertragssorten angebaut werden, bei denen eine Pflanzenkrankheit die gesamte Ernte vernichten kann, klingt schon die Idee abstrus. Aber so weit ist es, Gott sei Dank, noch nicht, auch wenn wir fleißig daran arbeiten. Vorläufig garantieren immer noch die einheimischen Sorten einen sicheren Ertrag.

Rattentod

Das Projekt feiert aber auch eine erfolgreiche Tätigkeit: die Rattenbekämpfung. Eine gerade abgeschlossene Rattenbekämpfungskampagne hatte die GTZ dem BMZ gegenüber als Riesenerfolg hochgelobt, den man durch eine Verlängerung verfestigen und im ganzen Lande intensivieren und ausdehnen müsse.

Was da von unserer Seite als großer Erfolg gefeiert wurde, schilderten mir Bangladeschis folgendermaßen: Im Tierzuchtprojekt Savar erzählten mir einige lachend, hier seien mal Leute gewesen, die hätten Ratten mit Gift vernichtet. Nach vier Wochen seien zwar genauso viele Ratten wieder dagewesen, aber die Deutschen hätten das trotzdem sehr erfolgreich gefunden.

In anderem Zusammenhang erfuhr ich, daß den Katzen in der Umgebung des Projekts giftige Haare ausfielen. Kinder, die solche in den Mund genommen hatten, waren davon krank geworden, eine bisher unbekannte Krankheit. Deshalb könne man sich hier keine Katzen mehr halten und müsse die Mäuse stattdessen mit Mäusegift bekämpfen. Sei das denn nicht sehr gefährlich mit den vielen kleinen Kindern in den Hütten? Schon, aber was solle man machen?

Als Illustration dafür, welche Auswirkungen der Einsatz von Gift unter bangladeschischen Verhältnissen haben kann, erzählte mir einer folgende Geschichte: Sein Onkel habe Insektengift in seinem Haus versprüht und dann die toten Insekten zusammen- und vor die Tür gekehrt. Kurz darauf habe der Hahn im Hof zu taumeln angefangen und sei gestorben. Der Onkel habe den Hahn geschlachtet und ihn zusammen mit seinen drei Kindern aufgegessen. Zum Glück habe es in der Nähe ein Krankenhaus gegeben, so daß alle gerettet werden konnten. Diese Folgen traten nicht bei einem analphabetischen Bauern, sondern bei einer Familie des Mittelstandes auf.

Der Projektleiter erläuterte mir die Notwendigkeit der Rattenkampagne. Das Projekt habe herausgefunden, daß Ratten 3 % der Ernte vernichten. Die bangladeschischen Bauern seien aber zu dumm — wörtlich! —, um das zu wissen. Oder wenn sie es wissen, kümmerten sie sich nicht darum. Es gebe daher auch keine traditionellen Methoden zu ihrer Bekämpfung. Man müsse also den Bauern erst einmal klarmachen, daß Ratten schädliche Tiere sind.

Zu diesem Zweck ließ das Projekt über Radio und sogar Fernsehspots die Botschaft von der Schädlichkeit der Ratten verbreiten. Besonders das Fernsehen ist eine außerordentlich überzeugende Methode, an Bauern heranzukommen, wenn man gesehen hat, daß nur auf mauerumwehrten Villen von Superreichen Fernsehantennen zu entdecken sind.

Bei 325 000 an Schulen verteilten Blättern haben wir den Fehler gemacht, nur eine Seite zu bedrucken. So dienten sie als Schmierpapier. Wir ließen auch eine Plakatserie drucken und in den Dörfern aufhängen. Auf einigen davon stand sehr viel Text. »Den lassen sich die Analphabeten dann von Lesekundigen vorlesen.« Eines der Plakate zeigte eine riesige Ratte, die Getreide fraß. Zu meiner großen Verwunderung waren in der Ecke sechs verschiedene Methoden traditioneller Rattenbekämpfung aufgemalt: ausgraben, mit Bananen anlocken usw. Von den bangladeschischen Mitarbeitern erfuhr ich, daß die einfachste und wohl am meisten angewandte Methode die ist, Wasser in das Rattenloch zu schütten und die Ratte totzuschlagen, wenn sie rauskommt. »Also wissen die Bauern doch, daß die Ratten ihnen schaden?« »Ja, aber erst durch die Kampagne sind sie wirklich aufmerksam darauf geworden.« »Warum propagieren Sie denn dann nicht einfach die traditionellen Methoden statt Gift auszulegen?« »Na, würden Sie denn lieber Wasser bis aufs Feld tragen, anstatt einfach Gift auszulegen? Schließlich braucht man mehrere Liter!«

Die von uns propagierte Methode ist, Giftköder vor die Rattenlöcher zu legen. Gleichzeitig ist jedermann in Bangladesch bekannt, daß Landlose als letzten Ausweg vor dem Verhungern auf die Felder gehen und Rattenlöcher aufgraben, um deren oft beträchtlichen Reisvorrat zu essen. Auch die Kinder der Landlosen. Der Experte, auf die Gefährlichkeit des ausgelegten Gifts angesprochen: »Es steht auf jeder Packung aufgedruckt, daß es sich um Gift handelt.« Abgesehen davon, daß es bei der schlechten Druckqualität kaum leserlich ist, wirken gedruckte Warnungen bei 90 % Analphabeten besonders vorbeugend. »*Starve them, poison them, shoot them*« (aushungern, vergiften, erschießen) — alter Entwicklungshilfe-Witz zur Lösung des Bevölkerungsproblems.

Wie ich höre, hat es nach meiner Reise im BMZ eine Diskussion darüber gegeben, ob die Kinder an Rattengift sterben oder nur krank werden. Die Fachleute konnten alle, deren Gewissen sich regte, beruhigen. Rattengift macht Kinder nur krank und tötet sie nicht.

Angesichts solcher Ungeheuerlichkeiten kam mir dann die reine Verschwendung von Steuergeldern geradezu wohltuend vor. Ein ganzes Jahr lang war im Rattenbekämpfungsteil des Pflanzenschutzprojektes nur geforscht worden, um die schwierige Frage zu lösen: Welches ist die optimale Giftkonzentration für Ratten? Nach einem Jahr hatte man endlich das Ergebnis. Die Ratten in Bangladesch unterscheiden sich in nichts von denen in anderen Ländern, wo Rattengift längst im Einsatz ist.

Nachdem die erste Aufgabe fulminant gelöst ist und das Projekt die

Lizenz für Produktion und Vertrieb des Rattengifts einem bangladeschischen Unternehmer übertragen hat — wer wollte uns da vorwerfen, wir förderten nicht die Unabhängigkeit des Landes von Importen? —, haben wir uns nun daran gemacht, Mäusegift zu entwickeln. Ich habe zwar selbst schon in einem bangladeschischen Haus ein Tütchen Mäusegift gesehen, das auf dem Markt gekauft war, aber nun haben wir mal so ein schönes Labor aufgebaut mit so vielen schönen Versuchstieren. . .

Verhütung von Menschlichkeit

»Bangladesch könnte das Doppelte an Bevölkerung ernähren«, sagte der Beamte der UN-Bevölkerungsplanungsorganisation (UNFPA) zur Einleitung unseres Gesprächs in Dhaka. Überbevölkerung ist ein sehr relativer Begriff. Sie wird von uns immer dann konstatiert, wenn Menschen hungern. Sie ist die einfachste Ausrede dafür, nicht die Ursachen des Hungers beseitigen zu müssen. Stattdessen beseitigen wir die Menschen.

Zweifelsohne besteht in Bangladesch im Moment Bedarf an Familienplanung. Deshalb beteiligen wir uns mit Finanzieller Zusammenarbeit* am »Bevölkerungsprogramm« der Weltbank, das seit 1975 läuft, und führen in Technischer Zusammenarbeit* ein eigenes »Familienplanungsprojekt« in Munshiganj, südwestlich von Dhaka, durch.

Der Erfolg der zahllosen staatlichen und privaten Organisationen — es sollen 117 sein, die sich auf diesem Gebiet tummeln — scheint bisher gleich Null. Allerdings weiß niemand etwas Genaueres. Die Angaben offizieller Statistiken errechnen ein Bevölkerungswachstum von zwischen 2,4 und 3 %. Sie sind allerdings alle frei erfunden. Ein führender Demograph in Bangladesch erklärte mir, warum.

Es gibt in Bangladesch keine amtliche Registratur von Geburten und Sterbefällen. Also ist man auf repräsentative Befragungen angewiesen. Eine bangladeschische Frau spricht aber grundsätzlich nicht von ihren gestorbenen Kindern, schon gar nicht gegenüber einem Fremden. Der Demograph erzählte mir ein eindrucksvolles Beispiel dafür. Ein Interviewer hatte durch weiteres Herumfragen im Dorf erfahren, daß eine Frau ein verstorbenes Kind verschwiegen hatte. Als er sie deshalb zur Rede stellte, schrie sie ihn unter Tränen an, warum er ihr das sage? Ob er denn das Kind wieder lebendig machen könne? Außerdem geben die Leute entsprechend ihrer Erwartung »bringt er was oder will er was« mehr oder weniger Kinder an. Eine mehr oder minder große Anzahl von Kindern vorzuzeigen, bietet kein Problem.

Die Bibel der Familienplaner der Welt ist der »*World Fertility Survey*«. Er gilt als das Seriöseste auf dem Markt, und Bangladesch ist bekanntlich das in Bezug auf Überbevölkerung meistzitierte Land der Welt. Um dieser Seriosität willen hatte man 5 % der Interviewer beim Erstellen des vorletzten Survey ein Tonbandgerät umgehängt, um später die Antworten überprüfen zu können. Bangladeschis sind Befragungen nicht gewohnt, und man rechnete mit einer gewissen Ausfallquote. Was man nicht erwartet hatte: Nicht erst die Antworten, sondern schon die Fragen, die die geschulten Interviewer stellten, führten die ganze Befragung ad absurdum.

Diese Kentnisse hindern uns aber nicht daran, weiter mit solchen Zahlen zu operieren, um unser Eingreifen zu rechtfertigen und Erfolge zu untermauern. Dazu ein geradezu klassisches Gespräch. Der Leiter des Weltbankprojektes in Dhaka hatte die ausgehungerte Prüfungsmission der Weltbank, die sich halbjährlich vor Ort versammelt, zu einem ausgezeichneten Buffet-Dinner eingeladen. Der Verantwortliche für dieses Programm in Washington, Typ Großwildjäger, den Damen tief in die Augen blickend, der schon in vielen Teilen der Welt die Entwicklung vorangetrieben hat, dieser wichtige Mann setzte sich leutselig zu mir als der Vertreterin eines der größten Geber seines Programms. Er stimmte meinen Bedenken bezüglich der Erhebung der auch von der Weltbank mit ihrer ganzen Autorität verbreiteten Zahlen voll zu. Seine Schlußfolgerungen erstaunten mich deshalb. Es sei ja sehr interessant, daß der von mir zitierte Demograph alle Zahlen in Bangladesch für mindestens ± 10 % falsch halte. Dann gelte das ja wohl auch für seine eigenen. Hintergrund: Der Demograph leitet gleichzeitig ein Familienplanungsprojekt in Matlab, das im Gegensatz zum Weltbankprogramm mit Erfolgszahlen aufwartet. Das ist der Weltbank ein Dorn im Auge, und ich hatte ihr nun unfreiwillig Munition gegen die Konkurrenz geliefert. Außerdem behauptete er: »Der letzte World Fertility Survey ist aber sehr gut.« »Wie kann er das sein?« »Ja, der ist seriös.« Damit endete das Gespräch abrupt.

Aber nicht nur eine Bank braucht dringend Zahlen. Auch ich habe meine Ministervorlagen immer mit Zahlen gespickt. Ohne Kenntnis genauer statistischer Angaben gilt man nicht als kompetent, und der Minister muß ja schließlich genau wissen, worüber er entscheidet. Nur mit einer gehörigen Portion Zahlen ist Objektivität garantiert. Man mußte nur aufpassen, daß die Zahlen im Text mit dem von der

EDV ausgedruckten und der Vorlage angefügten Datenblatt über das Land einigermaßen übereinstimmten. So habe ich zum Beispiel die Bevölkerungszuwachsrate Bangladeschs immer mit 2,7 % angegeben. Das schien mir ein guter Mittelwert. Dabei wäre die Warnung eines meiner Vorgesetzten »Sie werden sehen, wenn Sie über Land fahren, finden Sie keinen Platz, wo sie unbeobachtet pinkeln können!«, als Begründung für die Notwendigkeit von Familienplanung nicht weniger seriös gewesen.

Sterilisieren statt Stillen

Nachdem die Geber weltweit einhellig der Meinung sind, Bangladeschs wichtigstes Problem sei die Größe seiner Bevölkerung, verstärken sie laufend den Druck auf die Regierung, endlich wirksame Maßnahmen zu deren Eindämmung zu ergreifen. General Ershad hat daraufhin als erstes den Familienplanungsberatern mit Bestrafung gedroht, die nicht mindestens zwei Sterilisationen pro Monat beibringen. Die bangladeschische Regierung erarbeitete aber auch ein umfassendes Maßnahmenbündel. Unter Leitung des UN-Entwicklungsprogramms (UNDP) wurden fast ausschließlich diese Ideen in ein Papier geschrieben, welches international verteilt wird und als weiterer Beleg darfür dient, daß die Bangladeschis ohne unsere Beratung mit ihren Problemen nicht fertig werden können.

Wohin ich auch kam, immer wurde mir als Weißer sofort unterstellt, ich interessierte mich ausschließlich für Familienplanung. Und in der Tat haben die Geberaktivitäten dazu geführt, daß Familienplanungsbauten und -ausstattungen eindeutig Vorrang vor der Gesundheitsversorgung haben. In einem Krankenhaus, das wir unangemeldet besuchten, führte uns der leitende Arzt in die gut ausgestattete Familienplanungsabteilung, die das halbe Krankenhaus in Anspruch nahm. Zufällig kamen wir dabei auch an einem winzigen Raum vorbei, in dem ein Arzt, umdrängelt von ungefähr zwanzig Angehörigen, einen vor Schmerzen schreienden Mann versorgte, dem ein Bambusstab den Bauch aufgerissen hatte. Narkotika waren ausgegangen.

Während einer anderen Projektbesichtigung wanderten wir durch ein Dorf, in dem direkt nebeneinander ein Gesundheitszentrum und ein Familienwohlfahrtszentrum standen. Familienwohlfahrtszentrum ist der feinere Ausdruck für Familienplanungszentrum. In den beiden überfüllten Räumen des ersteren verteilte ein Mann Medizin aus verschiedenfarbigen Fläschchen. Der Arzt käme zweimal in der Woche. Wann, wisse man nie. Das zweite bestand gemäß Weltbankstandard aus acht Räumen, von denen fast alle leerstanden. Immerhin praktizierte dort überhaupt eine Familienplanungsberaterin, was eher die Ausnahme als die Regel ist. Auch hier vertiefte sich der Eindruck, daß es uns nur darum geht, die Bevölkerung zu reduzieren. Das Wohlergehen der Lebenden bleibt Nebensache, obwohl man sogar weiß und immer davon redet, daß zum Beispiel eine Verringerung der Säuglingssterblichkeit zur Senkung der Geburtenrate entscheidend beiträgt.

Keiner der Familienplaner auf Entscheidungsebene, bangladeschischer wie ausländischer, weiß, welche einheimischen Verhütungsmethoden von der Bevölkerung angewandt werden. Nur über traditionelle Abtreibungsmethoden ist ein Buch erschienen. Aber so unwahrscheinlich es nach fast zehnjähriger Weltbank-Aktivität und dem Einsatz von Hunderten von Millionen Mark zur Geburtenverhütung auch klingen mag: Darum hat sich noch nie jemand gekümmert. Alle Experten sind sich dabei einig, daß die Allerärmsten in Bangladesch von selbst weniger Kinder bekommen. Wie sie das machen? »Das ist eine interessante Frage. Da müßten wir mal eine Studie anfertigen.« Originalton Weltbank.

Was die bangladeschischen Frauen und Männer wirklich wünschen und brauchen, kümmert uns wenig. Während der mehrstündigen Diskussion der Weltbankkommission über ihre Prüfungsergebnisse, kamen die Frauen auch nur als Maßnahmeobjekte vor: »*. . . if they don't do, what we want them to*« (. . . wenn sie nicht tun, was wir von ihnen wollen). Der Direktor des Bevölkerungsprogramms auf bangladeschischer Seite ist ein höherer Militär, der mit festem Stiefelschritt in die Beratung hereinplatzte und mit freundlichem Lächeln allerseits begrüßt wurde. (Der erlesene Witz eines der Weltbankberichterstatter, man solle die bisher übliche Bezeichnung der Weltbankarbeitsgruppen mit dem militärischen Begriff »*task force*« doch lieber in »Arbeitsgruppen« umändern, erregte denn auch allgemeine Heiterkeit.) Und der Hauptverfasser des oben erwähnten Geberpapiers beschied meine Frage, ob er denn jemals eine Frau auf dem Lande nach ihren Bedürfnissen oder gar Vorschlägen gefragt habe, mit einem schlichten: »Nein. Das kann man ja nicht. Da bräuchte ich ja immer einen Übersetzer.« Aber natürlich habe er Vorort-Kenntnisse. »Ich habe sie schreien und weinen gehört.«

Die wirksamste, humanste und natürlichste Methode der Empfängnisverhütung ist ein möglichst langes Stillen mit einer Sicherheit von über 90 %, die von keiner anderen Methode in Bangladesch erreicht wird. Selbst bei Zufüttern besteht noch ein Schutz von ca. 60 %. Die bangladeschischen Frauen stillen, wenn es ihr Ernährungszustand erlaubt, im Schnitt siebzehn Monate lang. Viele arme Frauen müssen aber schon nach wenigen Tagen aufgeben, weil sie nicht genug zu essen haben. Da man aber vermeidet, den Hunger zu beseitigen, greifen wir lieber mit harten und gesundheitsschädlichen Methoden auf Kosten der Schwächsten, der Frauen, durch. Nicht die sanfteren Methoden wie sichere Tage oder Diaphragma stehen auf der Tagesordnung, sondern Sterilisation, Pille, Dreimonatsspritze und Spirale.

Für die Methode der Enthaltsamkeit an fruchtbaren Tagen seien die Frauen zu dumm, sagte mir ein bangladeschischer Arzt. Sie würden sogar fälschlich die Tage direkt nach der Menstruation für fruchtbar halten, weil sie wüßten, daß dann der Muttermund besonders offen sei. Wenn die Frauen aber tatsächlich über ihren Körper so gut Bescheid wissen, dann kam mir dieses Für-Dumm-Erklären nicht sehr überzeugend vor. Das einleuchtendere Argument gegen diese Methode brachten denn auch Frauen in einem Mütter-Club, mit denen ich lange, intensiv und in einer ganz offenen und freundlichen Atmosphäre diskutieren konnte — übrigens eines meiner wirklich beglückenden Erlebnisse in Bangladesch. Sie waren einhellig der Meinung, sie selbst würden diese Methode zwar Sterilisation oder Pille vorziehen, aber die Männer spielten da nicht mit. Das funktioniere nur, wenn auch der Mann entschlossen sei, keine Kinder mehr zu zeugen. Auf gut deutsch: Um die Frauen sexuell verfügbar zu halten, propagieren wir die harten Methoden. Männer aller Länder, vereinigt euch!

Am verhängnisvollsten wirkt sich diese Frauenfeindlichkeit bei den Sterilisationen aus. Nicht einmal 10 % davon werden an Männern durchgeführt, obwohl deren Gesundheitsrisiko dabei in keinem Verhältnis zu dem der Frauen steht. Uns wurde gesagt, die Frauen gingen lieber selber unter das Messer, weil sie befürchten, der Mann könne dadurch an Kraft, vor allem Arbeitskraft, verlieren und so die Existenzgrundlage der Familie gefährden. Auf meine Frage im Weltbankprojekt, ob denn deren Mütter-Clubs dieses Vorurteil bekämpften: »Nein, die sollen ja die Frauen zur Sterilisation motivieren.«

In dem Bericht des deutschen Arztes, der vor Jahren unseren Teil am Weltbankprojekt geprüft hatte, las ich, eine Frau müsse besonderes Glück haben, wenn sie eine Sterilisation überleben wolle. Ganz so schlimm scheint es nach meinen Erfahrungen nicht zu sein. Aber immerhin erzählte die Leiterin des amerikanischen Programms, sie hätten eine *»death premium«* (Todesprämie) von 2000 Taka auf alle Frauen ausgesetzt, die infolge der Sterilisation sterben — zur Entschädigung der Familie. Das ist eine so hohe Summe, daß sich schon dafür der Tod einer Frau, so oder so, lohnt.

In einer Klinik im Gebiet unseres Familienplanungsprojektes warteten, als wir kamen, die Familienplanungsberaterinnen mit ihren Patientinnen auf den Arzt, der eigentlich die Sterilisationen durchführen sollte. Dieser aber, und das scheint gang und gäbe zu sein, pflegt nur zu unterschreiben und seinen Anteil an der Belohnung zu kassieren. Die Beraterinnen aber mit Krankenschwesterausbildung operieren dann selbst. Wie mir gesagt wurde, sei dies nicht unbedingt ein Nachteil, da sie genügend Erfahrung besäßen und sehr geschickt seien. Wieviele Frauen allerdings daran glauben müssen, bis eine Beraterin erfahren genug ist, weiß man nicht. Eine Nachsorge findet in der Regel nicht statt.

Eine weitere Tragik folgt aus den Anwerbemethoden. Jede der 60 000 Familienplanungsberaterinnen hat ein monatliches Soll von zwei Sterilisationen beizubringen und kassiert als Belohnung 40 Taka pro Fall. Dadurch verführt, klären sie häufig die Frauen nicht über die Irreversibilität der Unfruchtbarkeit auf und locken sie mit der staatlichen Prämie von 100 Taka und einem Sari. Der Verlust ihrer Gebärfähigkeit aber bedeutet zum Beispiel für von ihren Männern verlassene Frauen, die gesellschaftlich geächtet sind, daß ihre Chancen auf Wiederverheiratung und damit Versorgung auf Null sinken. Es gibt selbstverständlich verantwortungsvolle Ärzte, die Frauen aus solchen oder medizinischen Gründen wieder nach Hause schicken. Aber wegen des finanziellen Anreizsystems dürfte eine solche Haltung eher die Ausnahme sein.

Mich hat immer wieder die Schamlosigkeit abgestoßen, mit der ausländische Geber in den Intimbereich bangladeschischer Frauen eindringen. Die Leiterin des amerikanischen Bevölkerungsprogramms etwa, eine sehr elegante Dame, fand nichts dabei, im Team zusammen mit Männern auf die Dörfer zu gehen und sich die Operationsnarben zeigen zu lassen. Damit sollten die Frauen nachweisen, daß sie sich ihr Geld auch wirklich verdient hatten. Und das in einer islamischen Gesellschaft. Den Frauen mache das überhaupt nichts aus, behauptete sie.

Aus einem mir nicht erklärlichen Grunde wird auf der anderen Seite die Prämie von 100 Taka nicht Prämie genannt, sondern als Verdienstausfall plus Reisespesen deklariert, wobei dabei höchstens siebzehn und nicht 100 Taka errechenbar wären. Entweder sollen mit solchen Albernheiten die Bangladeschis für dumm verkauft werden oder, was wahrscheinlicher ist, es soll die Schamhaftigkeit der Geber-Gemeinschaft nicht verletzt werden. Der könnte es peinlich sein, den Frauen ihre Gebärfähigkeit offen abzukaufen. Aus solcher Heuchelei hatte denn auch einer meiner Kollegen im BMZ den Arzt in unserem Familienplanungsprojekt vor seiner Ausreise nach Bangladesch angewiesen, er solle die Sterilisationen vorantreiben, da alles andere ja doch nichts bringe. Natürlich dürfe das nicht publik werden.

Selbst die härteste Methode, die Sterilisation, trägt wenig dazu bei, die Geburtenrate zu senken. Denn das Durchschnittsalter der Frauen beträgt bei der Sterilisation 38 Jahre, also kurz vor den Wechseljahren. Bei den übrigen Methoden sieht es noch ineffektiver aus. Eine Frau erzählte mir von ihrer Schwester mit sechs Kindern, von denen die letzten vier jedes nach einer anderen der propagierten Verhütungsmethoden empfangen worden war.

Kondome werden nach Erfahrung des bangladeschischen Arztes in unserem Familienplanungsprojekt vorwiegend von Kindern als billige Luftballons benutzt. Das treibt die Akzeptorenrate in den Statistiken willkommen in die Höhe.

Ähnlich sieht es bei den Pillen aus. Die Familienplanungsberaterinnen haben die Vorgabe, monatlich auch zwei neue Pillenkonsumentinnen zu werben. Sie werden dagegen nicht belohnt, wenn sie für eine kontinuierliche Pillen-Einnahme sorgen oder die Frauen gar gesundheitlich betreuen. So liegt ihr Interesse darin, daß die Frauen immer mal einen Monat aussetzen, um dann wieder als neugewonnene Akzeptoren zu erscheinen.

Die Verteilung der Pillen ist ein Kapitel, bei dem angeblich niemand die genauen Zusammenhänge kennt. Fest steht nur, daß große Mengen Pillen von Bangladesch nach Burma wandern. Auf welcher Stufe der Verteilung diese abgezweigt werden und in welchen Mengen sie schon ganz oben verschwinden, weiß niemand zu sagen. Ebenso unbekannt ist, in welchem Ausmaß die Familienplanungsberaterinnen der Versuchung erliegen, die Pillen nicht kostenlos abzugeben, sondern sich zu einem Preis von immerhin 15 Taka pro Packung auf dem Markt ein Zubrot damit zu verdienen. Sicher ist nur, daß kaum eine Frau die Pille kostenlos erhält. Bei der großen Gewinnspanne müßte sich eigentlich sogar ein Re-Import in die Industrieländer lohnen. Schering ist denn auch mit seiner Lobby-Tätigkeit im BMZ in letzter Zeit auffallend zurückhaltend geworden. Vielleicht will die Firma sich nicht selbst hier den Markt verderben. Aber das ist reine Spekulation. Mir fiel nur auf, daß sich der Staatssekretär für Bevölkerungsplanung nicht im geringsten für die Erfahrungen und Verbesserungsvorschläge unseres Familienplanungsprojekts interessierte. Seine Sorge war die Zusage einer möglichst großen Lieferung von Pillen. Wieder einmal schustern wir reichen Leuten Geld in die Tasche.

Die Dreimonats-Spritze spielt bisher keine große Rolle. Bei dem Gespräch mit dem schon erwähnten Beamten von UNFPA stellten wir fest, daß sie wegen ihrer starken Nebenwirkungen nicht nur inhuman und von den Frauen wegen der häufigen Schmierblutungen nicht akzeptierbar ist. Sie muß auch unwirksam sein, da in Bangladesch das notwendige genaue Einhalten des jeweiligen Zeitpunkts des Spritzens sehr unwahrscheinlich ist. Meine Folgerung, deshalb lieber keine Spritzen zu liefern, konnte der UN-Beamte dennoch nicht teilen: »*But it is good for the program*« (aber es ist gut für das Programm). Er ist schließlich für das Programm verantwortlich und dafür, daß die Lager immer voll sind, auch wenn in Monsunzeiten die Pillen dort massenweise verrotten.

Tempel gegen die Fruchtbarkeit

Als gut für das Programm und für sonst niemanden erweisen sich auch die Familienplanungszentren. Im deutschen Familienplanungsprojekt in Munshiganj werden sie zwar wegen der dauernden Überwachung und Schulung genutzt, sie heißen aber bezeichnenderweise überall »deutsche Zentren«. Da sich die örtlichen Bürokraten mit den Einrichtungen nicht identifizieren, rechnen alle damit, daß sie nach unserem Weggang das Schicksal der übrigen Zentren teilen werden: leerstehen und zusammenfallen.

Sie bilden eine Schmiergeldpfründe eigener Art. Hier sind die Korruptionsgelder schon offiziell in die Kalkulation miteingegangen. 5 % der Kosten gehen für nichts und wieder nichts an die staatliche Baubehörde, die sehr um diesen Anteil gekämpft hat und wo das Geld unkontrolliert verschwindet. Dagegen konnte sich sogar die sonst so mächtige Weltbank nicht durchsetzen. Und auch die GTZ hatte entschieden, die 5 % müßten gezahlt werden, da sonst mit einem Boykott unserer Bauten zu rechnen gewesen wäre. Die einzige Leistung der Behörde: im Normalfall gegen Schmiergeld lokale Bauunternehmer für den Bau und einen Einflußreichen für die Bauaufsicht anzuheuern. Das Ergebnis: Nach kurzer Zeit fallen die Bauten wieder zusammen. Für den Unterhalt der Gebäude stellt die Regierung kein Geld zur Verfügung mit der Begründung, es würde sowieso nicht an seinem Bestimmungsort anlangen. Der Leiter des Weltbankprojekts in Dhaka fühlte sich dafür nicht zuständig. Er sei nur für die Errichtung der Zentren verantwortlich.

Diese sind im übrigen viel zu groß. Von einem Weltbankarchitekten entworfen — ein einheimischer Architekt wäre dazu natürlich nicht in der Lage — haben sie mit ihren acht Räumen statt der notwendigen zwei bis drei das vorher übliche einfachere Modell abgelöst.

In den Familienplanungszentren sollen neben der Durchführung von Sterilisationen und dem Einsetzen von Spiralen die Familienplanungsberaterinnen regelmäßige Sprechstunden zur Gesundheitsberatung, Pillenverteilung usw. abhalten. Nachdem die Millionen Dollar für das Bevölkerungsprogramm in den siebziger Jahren wirkungslos versickert waren, hatte die Weltbank eine neue Idee. Von heute auf morgen wurden 60000 Familienplanungsberaterinnen zusammengesucht. Diese mußten einen gewissen Bildungsstand vorweisen und gleichzeitig bereit sein, in die Hütten der Armen zu gehen, um diese für Familienplanung zu interessieren.

Damit tat sich eine neue Einkommensquelle für die Familien der Reichen auf. Ihre Frauen und Töchter stehen zwar häufig — nach Schätzung eines Fachmanns ungefähr die Hälfte aller Beraterinnen — unter *»purdah«*, das heißt, sie dürfen nicht einmal zur Ablieferung ihrer monatlichen Dienstberichte den Wohnbereich der Großfamilie, den Bari, verlassen. Unter Einhaltung des oben beschriebenen Abgabensatzes erledigen das dann Vater oder Ehemann für sie. Über das Weltbankprogramm bezahlen wir unter der Rubrik »Gehälter für Familienplanungsberaterinnen« direkt dieses Nebeneinkommen der Reichen. Als ein ZDF-Team einen Film über unser erfolgreiches Familienplanungsprojekt in Munshiganj drehte, weigerte sich die Familienplanungsberaterin, ohne Extrabezahlung eine Hütte auch nur zu betreten.

Die Familienplanungsberaterinnen, welche für ihr Geld arbeiten, haben es nicht leicht. Alle, die ich gesehen habe, stechen schon rein äußerlich von den Dorffrauen ab, deren Vertrauen sie gewinnen sollen. In ihren wunderschönen Saris wirkten sie sehr gepflegt. Sie haben nicht einmal theoretisch die Möglichkeit, ihre Klientel zu Fahrrad oder zu Fuß zu erreichen, da dies bei einer Dame ein Skandal wäre. Also genügen die 5 Taka Reisekosten ihnen noch weniger als den männlichen Beratern. Dabei sollen sie 200 Familien pro Monat besuchen, eine Überforderung. Auch nicht sehr vertrauensbildend wirkt, daß die Beraterinnen oft von ihren Männern verlassene Frauen sind, weil diese leichter von ihrer Familie die Erlaubnis zu arbeiten erhalten. Und Verlassen-Werden gilt immer als Schuld der Frau.

Spielwiesen der Emanzipation

Um nun die unserer Meinung nach mangelhafte Motivation der bangladeschischen Frauen für Geburtenkontrolle zu verstärken, haben wir uns einen Trick einfallen lassen: die Frauen- oder Mütter-Clubs. Sie sollen über den Umweg des Einkommen-Schaffens, über Beschäftigungsprogramme und Kreditgewährung die Frauen emanzipieren, sie aus ihren Baris herauslocken und zu Sterilisation oder Pillenkonsum bewegen. Bei regelmäßigen Treffen in einem angemieteten Raum erhalten sie Unterricht in Nähen, Jute-Flechten u. ä., in Ernährungslehre und Verhütungsmethoden. Darüber hinaus können sie Kleinkredite erhalten, zum Beispiel um Hühner oder Ziegen zu erwerben, sich dadurch ein eigenes Einkommen schaffen und ihre Position in der Familie verbessern.

Ich empfinde es schon prinzipiell als Dreistigkeit, Frauen einer anderen Kultur emanzipieren zu wollen. Den Stand unserer eigenen Emanzipation führten mir die deutschen Frauen in Dhaka vor Augen. Der Swimming-Pool im Deutschen Club wird so stark mit Chemikalien behandelt, daß blonde Kinder grünliche Haare und die Frauen Unterleibsbeschwerden bekommen. Die Frauen ließen sich widerspruchslos von dem Verantwortlichen beleidigen: Man könne ja nie wissen, woher sie ihre Unterleibsbeschwerden hätten. Der Swimming-Pool wird unverändert stark mit Chemikalien behandelt.

Traditionell erwerben sich die bangladeschischen Frauen ein Einkommen durch Reisdreschen. Diese Quelle verstopft ihnen nun mehr und mehr die Entwicklungshilfe durch die Errichtung von kommerziellen Reismühlen. Stattdessen sollen sie in Mütter-Clubs nähen und Jute-Sets für den Export flechten. Eine Frau zeigte mir ihre von den scharfen Jute-Fäden blutigen Finger. Leider ist das Problem des Absatzes auch ungelöst. Saris für Frauen und Lungis für Männer benötigen nur minimale Näharbeit. In einem Club wurden mir kompliziertest genähte europäische Kinderkleidchen gezeigt. Aber immerhin nehmen die dauersubventionierten Clubs örtlichen Schneidern die Arbeit weg.

Auch hier schaffen es die Einflußreichen, das Geld in ihre Kanäle zu lenken. In den Clubs des Weltbank-Programms, die wir finanzieren, wird das ganz offziell arrangiert. Ein Einflußreicher wird zum Obmann des Clubs ernannt und wickelt die Kreditvergabe ab. Auf meinen entsetzten Einwand, wir machten uns ja damit zu Komplizen des verderblichen Geldverleiher-Systems, anstatt diesem Konkurrenz zu machen, entgegnete die für die Mütter-Clubs zuständige Dame des Ministeriums: »Die örtlichen Geldverleiher kennen doch die Leute und ihre Kreditwürdigkeit am besten.«

Bei den Clubs im Familienplanungsprojekt in Munshiganj — die deutsche Expertin hatte diese kurzerhand der Kompetenz des eigentlich zuständigen Ministeriums entzogen, weil sie sich mit der verantwortlichen Beamtin nicht einigen konnte — achten wir vorläufig noch darauf, daß die Kredite auch wirklich an Frauen gehen. Aber auch unter direkter Beaufsichtigung von uns fließt dauernd Geld an die Reichen. Räume für die Mütter-Clubs müssen zwangsläufig bei ihnen angemietet werden. Und 150 Taka monatlich sind doch ein nettes Zubrot dafür, daß man gelegentlich seinen Familienwohnraum zur Verfügung stellt, wie ich es in einem Dorf erlebte. Bei der Nutzung der im Club eingebrachten Ressourcen wie einer Nähmaschine sind die Familien der Einflußreichen gegenüber den Landlosen auch in der Vorhand.

In vielen Berichten und Broschüren sieht man jedenfalls bangladeschische Frauen fleißig werkeln. Und bangladeschische Frauen sind für uns eben bangladeschische Frauen, von denen man nur weiß, daß sie arm sind und zu viele Kinder bekommen. Wer die einzelne Frau ist, welche Position sie und ihre Familie im Dorf einnehmen und was ihr Zugewinn anderen für Nachteile bringt, fragen wir nicht nach. Das ist für einen Außenstehenden auch gar nicht so leicht herauszufinden. Als Faustregel hatte ich mir gemerkt, daß nur die armen Frauen ohne eine Bluse unter dem Sari gehen. Als ich mich unter den versammelten Frauen eines Mütter-Clubs bei unserem Besuch umsah, entdeckte ich bei allen Blusen. Schließlich gesellte sich noch eine sehr große Frau mit nur lose übergeworfenem Sari und zerzaustem Haar ganz hinten dazu und sagte zunächst nichts. Ich dachte: »Na, wenigstens eine Landlose gehört auch dazu.« Bis sie mit gellender Stimme loszukreischen und zu schimpfen begann. Alle anderen verstummten. Sie war die Frau des reichsten Mannes im Dorf, die die Gelegenheit unserer Anwesenheit dazu nutzen wollte, die Miete für den Club heraufzusetzen.

Selbst die Soziologin in unserem Familienplanungsprojekt, die Sensibilität gegenüber den Machtstrukturen in den bangladeschischen Dörfern zeigte, hatte es für nötig befunden, ihren Kotau vor den reichen Einflußreichen zu machen. Sie hatte veranlaßt, daß vor der Einrichtung eines neuen Mütter-Clubs immer erst diese für die Idee gewonnen werden mußten. Wir übersehen dabei geflissentlich, daß gerade sie die oft meistgehaßten Leute im Dorf sind und ihr Einfluß beim Sexualverhalten der Armen seine Grenze haben dürfte. Völlig vernachlässigen wir dagegen die *»respected persons«* (geachtete Personen), die, von allen anerkannt, um Rat gefragt werden, Streitigkeiten schlichten und inoffiziell sogar eine Art niederer Gerichtbarkeit ausüben. Dies können auch Ärmere sein. Sie spielen aber in unseren Augen keine Rolle. Wir halten immer nur die Reichen für wichtig und einflußreich.

Die Weltbank zeigt ihre Clubs nicht gerne vor, es sei denn, der Besuch ist gut vorbereitet. Mein Wunsch, wenigstens einen Club zu sehen, fand wenig Beifall. Erst einmal mußte ich zwei Stunden auf die Abfahrt warten. Dann hieß es nach einem langen Gespräch im Büro des Thana-Beamten für Familienplanung, jetzt sei es schon zu spät für einen Besuch des Clubs.

Doch, es ging doch noch. Nach Bootsfahrt und schlammigem Weg führte man uns in einen sehr großen Raum. In dessen Mitte standen um einen Tisch Stühle, auf die wir uns setzen sollten. Zur Begrüßung ein fülliger Herr in Weiß. Da ich wieder eines dieser sinnlosen offiziellen Gespräche fürchtete, setzte ich mich stattdessen auf eine Bank an der Wand, wo sich die Frauen drängelten. Mit Hilfe eines Dolmetschers konnte ich mich mit den Frauen verständigen. Dadurch sahen sich auch die übrigen Mitglieder der Delegation gezwungen, sich aus der Mitte wegzubegeben. Einzig die Gutachterin der KfW blieb die meiste Zeit vereinsamt dort sitzen. Dabei war dies offensichtlich ein Vorzeige-Club der Weltbank. 90 % der Clubmitglieder waren sterilisiert. Die Kreditvergabe hing damit angeblich nicht zusammen.

Eine Frau erzählte mir vom Nutzen des Ernährungsunterrichts, den sie erhalten habe. Sie wisse jetzt zum Beispiel, daß ein bestimmtes Gemüse für ihren Sohn gut sei. Ob sie ihm dies vorher nicht gegeben hätte? Doch. Aber jetzt wisse sie eben, daß es gut sei. Hoffentlich nehmen sich die Frauen, die für sich und ihre Kinder nicht genug zu essen haben, die Ratschläge für eine gesunde und ausgewogene Ernährung auch wirklich zu Herzen.

Die Experten des Familienplanungsprojekts Munshiganj sollten das zuständige Ministerium beraten und dort die Erfahrungen, die sie in den Dörfern machten, zum Nutzen des nationalen Bevölkerungsprogramms einbringen. Wir wollen ja nie nur punktuell, sondern immer modellhaft, möglichst gleich für das ganze Land, wirken. Der deutsche Arzt in unserem Projekt war ein aufgeschlossener junger Mann um die Dreißig, der vor Bangladesch nur in einem Gesundheitsprojekt in Marokko gelegentlich mit Familienplanung in Berührung gekommen war. Der für unser Projekt zuständige Beamte des Ministeriums, ein Arzt, betrieb in Bangladesch bzw. früher Ostpakistan seit 1954 Familienplanung. Da er neben uns noch ca. 100 weitere Projekte zu betreuen hatte, fehlte ihm auch die Zeit, sich unsere guten Ratschläge anzuhören.

Der von uns im Projekt als einheimische Kraft angestellte bangladeschische Arzt hatte eine Ausbildung an einer Spezialuniversität für Familienplanung in den USA absolviert und war trotz verlockender Angebote von dort nach Bangladesch zurückgekehrt, weil er etwas für sein Land tun wollte. Er bezieht in unserem Projekt ca. ein Zehntel des Gehalts des ihm vorgesetzten deutschen Arztes.
Wie ich höre, verläßt er uns jetzt, weil er mit der Durchführung des Projektes nicht einverstanden ist. Bei seiner nächsten Anstellung wird er nur noch ein Sechstel von dem verdienen, was er bei uns bekam.

Banken, die Geld verschenken

Für alle Entwicklungsländer, besonders aber für die am wenigsten entwickelten Länder wie Bangladesh, gilt unangefochten die Grundannahme, es werde zu wenig investiert, weil es an einheimischem Kapital mangele. Daraus folgt: Die Entwicklungshilfe muß potentiellen Investoren zu möglichst günstigen Bedingungen Kapital zur Verfügung stellen. Das tun wir in 51 Ländern über die Entwicklungsbanken. Die Entwicklungsbankenfinanzierung macht bei uns 10 % der Finanziellen Zusammenarbeit aus.

Die Hochschätzung der Entwicklungsbanken stammt aus dem Anfang der siebziger Jahre. Wir hegten damals die Hoffnung, dieses Instrument befähige uns, Kredite an kleinere und mittlere Firmen und sogar an Kleinbauern heranzubringen, die sonst auf dem Kapitalmarkt wegen fehlender Sicherheiten kaum oder wenig Chancen haben.

Zur Bevorzugung der Entwicklungsbanken hat auch beigetragen, daß das BMZ in den meisten Ländern um vernünftige oder vernünftig aussehende Projekte verlegen ist. Da man aber bei der jährlichen Rahmenplanung jeweils die für das Land vorgesehene Summe in Projekten unterbringen muß, blieb als letzte Rettung häufig nur, das Geld für die Entwicklungsbanken aufzustocken. Das galt fast immer als unproblematisch. Ein Referent, der sein Geld nicht unterbringen könnte, würde als unfähig gelten.

Eine Prüfung des BMZ zehn Jahre später brachte dann aber eine herbe Enttäuschung. Zitate aus dem Gutachten: »Die Begünstigten der bisherigen Förderungsmaßnahmen waren überwiegend nicht die Zielgruppe der 'Entwicklungspolitischen Grundlinien der Bundesregierung'.« »Der Agrarsektor wurde nur in geringem Umfang mit Krediten versorgt.« »Es hat sich beispielsweise gezeigt, daß eine Förderung von Entwicklungsbanken den armen Bevölkerungsschichten nicht nur nichts genützt, sondern ihnen vielfach indirekt geschadet hat, weil in der Regel die Begünstigten auf Kosten der Armen ihre Position im Gesellschafts- und Wirtschaftsgefüge des betroffenen Landes weiter verbessern konnten.« »... in der Mehrzahl der von den Gutachtern untersuchten Fällen ist es zu einem von den geförderten Groß- und Mittelbetrieben ausgehenden wirtschaftlichen Verdrängungsprozeß mit negativen gesellschaftspolitischen Wirkungen gekommen.«

Darüber hinaus «... ist der revolvierend und keinerlei Beeinflußung von außen unterliegende Teil der Kreditlinie weitaus bedeutender als der mit Auflagen versehene Ersteinsatz. Es kann jedoch nicht ausgeschlossen werden, daß der wieder ausgeliehene Teil einer Kreditlinie zur Finanzierung von Projekten herangezogen wird, die den Zielgruppen indirekt schaden oder aber positive Effekte der mit dem Ersteinsatz erfolgten Zielgruppenförderung neutralisieren.« Das Selbstverständnis der meisten Entwicklungsbanken wird so beschrieben: »Sie verstehen sich nicht als 'Bank des kleinen Mannes', sondern betrachten nur den Großkredit als prestigeträchtig. So konkurrieren sie heute vielfach mit den Geschäftsbanken um den Kunden aus dem industriellen, städtischen Sektor.«

Entwicklungshilfe verhindert, daß Kapital im eigenen Land mobilisiert wird. »Eine zu billige und zu reichliche Refinanzierungsmöglichkeit durch ausländische Kredite verhindert schließlich eigene Anstrengungen der Entwicklungsbanken, selbst Einlagen zu sammeln ...«

In Bangladesch finanziert die Bundesrepublik zwei Entwicklungsbanken. Da deren Rückzahlungsquote bei 13 % liegt und die Darlehensnehmer aus Mittel- und Oberschicht die Kredite offensichtlich als willkommene Geschenke ansehen, hat die KfW im Moment allerdings alle weiteren Zahlungen gestoppt. Dafür hat sich die Deutsche Gesellschaft für wirtschaftliche Zusammenarbeit (DEG) mit BMZ-Geldern in eine noch dubiosere Institution eingekauft, die *Industrial Promotion Development Company (IPDC).* Da die kleine Gruppe der Ismaeliten in Bangladesch während des Befreiungskampfes wohl eine unrühmliche Rolle gespielt hat, trauten sich diese vorwiegend mittelständischen Unternehmer nicht, offen eine eigene Bank aufzumachen. Die DEG gründete nun mit der Aga-Khan-Gruppe und der bangladeschischen Regierung zusammen die IPDC. Der Einfluß der Ismaeliten in dieser neuen Institution wird schon dadurch deutlich, daß der Berater, den wir nach Dhaka geschickt hatten, sich vorher einer Überprüfung durch die Aga-Khan-Leute in Paris stellen mußte. Die Antwort des Managers von IPDC auf meine Frage, ob er diesen Berater überhaupt brauche, war ein schlichtes »Nein«. Auch er bestätigte mir im übrigen wieder, was ich nun schon zum Überdruß gehört hatte, daß jeder zusätzliche Pfennig, der ins Land fließt, nicht etwa für Investitionen, sondern zum Landerwerb genutzt werde.

Daß dies so ist, hat eine einleuchtende, wenn auch erschreckende Erklärung, die unsere ganze Entwicklungsbankenförderung und ähnliches absurd erscheinen läßt. Der Wirtschaftsreferent unserer Botschaft in Dhaka, der sich im Lande auskennt, behauptete, es fehle auch in Bangladesch nicht an privatem Kapital. Der Grund dafür aber, daß dieses im wesentlichen nicht investiert, sondern, soweit es nicht im Ausland landet, im Erwerb von Grund und Boden angelegt werde, sei: die Entwicklungshilfe.

Entwicklungshilfe macht die Produktion im Lande für jeden Investor zu einem unkalkulierbaren Risiko. Denn sobald jemand etwas erfolgreich produziert, wird für dasselbe Produkt von einem Beamten ein Entwicklungshilfe-Antrag gestellt und von irgendeinem der vielen Geber auch bewilligt. Mit den Importen fallen für die zuständigen Beamten fast automatisch Schmiergelder an — die für deutsche Firmen übrigens immer noch beim deutschen Finanzamt als »Nützliche Abgaben« steuerlich absetzbar sind —, während einheimische Produzenten da nicht mithalten können oder wollen. Die Korruptionsverführung durch ausländische Lieferungen setzt sich auf den unteren Ebenen fort bis hin zum BADC-Beamten, der entscheidet, ob die Genossenschaftspumpe auf das Land des Großbauern kommt oder nicht. Ein drastisches Beispiel dafür, daß solchermaßen Billig- oder Kostenlosimporte die Eigenproduktion gefährden, lieferte die oben beschriebene Telefonfabrik Tongi. Deren größte Schwierigkeit besteht im Moment darin, ihre Kapazität auszulasten, weil das zuständige Ministerium immer wieder Teile importiert, die längst in Tongi hergestellt werden können.

Ebenso müssen einheimische Unternehmer jederzeit gewärtigen, daß ein Geber im »entwicklungspolitischen Dialog« Ideen durchsetzt, die ihn zum Aufgeben zwingen. So hatte eine britische Entwicklungshilfeorganisation die durchaus begrüßenswerte Absicht, dem Unwesen der Pharma-Multis in den Entwicklungsländern ein Ende zu bereiten. Sie überredete die bangladeschische Regierung, auf den verschiedenen Ebenen der medizinischen Versorgung jeweils nur noch eine bestimmte Anzahl verschiedener Medikamente zur Verfügung zu halten: 20 Mittel der Grundversorgung auf der untersten Ebene Gesundheitszentrum, 40 auf nächsthöherer usw. Ein an sich überzeugendes Konzept. Nur hat es leider der einheimischen Arzneimittelproduktion — in der Gegend von Dhaka gab es eine Reihe kleinerer Arzneimittelhersteller — den Garaus gemacht. Die Multis konnten deren Marktanteil übernehmen.

Die ganze Investitionsförderungspolitik durch die Finanzierung der Entwicklungsbanken beruht also auf einer falschen Annahme. Wir könnten sie uns sparen, wenn wir bereit wären, auch die übrige Entwicklungshilfe einzustellen.

Hinzu kommt noch gemäß dem eben zitierten Gutachten: »Eine Kreditlinie für eine Entwicklungsbank muß nicht gleichbedeutend sein mit zusätzlicher Finanzhilfe für bestimmte Zielgruppen, denn sie kann die Regierung des betreffenden Landes in die Lage versetzen, eigene Anstrengungen in gleichem Maße zu verringern oder freiwerdende Mittel in entwicklungspolitisch schädliche Verwendung zu lenken. Insofern kann gerade die Entwicklungsbankenförderung als indirekte Budgethilfe interpretiert werden.«

Dies gilt im übrigen fast generell für Entwicklungshilfe-Leistungen. In Pakistan zum Beispiel werden den Provinzregierungen alle Entwicklungshilfe-Zahlungen auf die entsprechenden Provinz-Etats angerechnet. Also wirkt sich zum Beispiel ein von uns finanziertes Gesundheitsprojekt in der North West Frontier Province so aus, daß der Gesundheitsetat dieser Provinz um die Höhe der Projektkosten vermindert wird. Unsere mühsame Projektsuche — ich habe eigens dafür Reisen unternommen —, Projektverhandlung und Projektdurchführung können wir also eigentlich in den Wind schreiben. Das Geld steht de facto der Militärregierung zur beliebigen Verwendung zur Verfügung. Alle unsere Zielgruppen-Allokationsbemühungen* beruhen also meist auf einer Illusion.

Eine direkte Budget-Finanzierung bedeuten in Bangladesch die sogenannten Gegenwertmittel*, die in der Theorie für entwicklungsrelevante Vorhaben verwandt werden sollten, praktisch aber einfach in den Staatshaushalt fließen. Sie entstehen im Falle der Entwicklungsbankenfinanzierung als Zinsspaltungsmittel aus den Zinsen, die der Staat für das ihm von uns kostenlos zur Verfügung gestellte Darlehen erhält.

Die großen Summen gehen aber durch den Verkauf entwicklungshilfefinanzierter Lieferungen ein. Wenn wir zum Beispiel Düngemittel liefern, verkauft sie die Regierung an die Bauern weiter und verwendet das Geld nach eigenem Gutdünken. So ist nicht auszuschließen, daß auf diese Weise mit unseren Steuergeldern die Ureinwohner der Chittagong Hill Tracts militärisch »pazifiziert« werden.

Die unheilige Allianz

Alle meine Erfahrungen zeigen, daß Entwicklungshilfe den hehren moralischen Anspruch, Hunger und Elend zu bekämpfen und zur Unabhängigkeit der Entwicklungsländer beizutragen, völlig zu Unrecht erhebt. Die vorgegebene Interessenidentität zwischen den Menschen in den Entwicklungsländern und unseren Interessen ist eine Schimäre.

Die meisten Menschen in der Dritten Welt leben auf dem Lande und von der Landwirtschaft. Die Modernisierung der Landwirtschaft raubt den Subsistenz- und Kleinbauern wie in Bangladesh Grund und Boden und damit ihre Existenzgrundlage. Die Kommerzialisierung der Landwirtschaft wie in weiten Teilen Afrikas, wo im Sahel feinste Bohnen und in Marokko frühe Erdbeeren für den europäischen Markt produziert werden, schränkt den für die eigene Ernährung verfügbaren Boden ein. Sie macht die Bauern von einem weit entfernten und nicht beeinflußbaren Markt abhängig. Den Todesstoß versetzt ihnen dann die Nahrungsmittelhilfe, welche die Eigenproduktion ortsüblicher Nahrungsmittel unrentabel macht.

Auf nationaler Ebene trägt Entwicklungshilfe mit ihrer Industrialisierungsideologie zur weiteren Abhängigkeit der Entwicklungsländer bei. Verschuldung und Export statt Mobilisierung der eigenen Kräfte und Produktion für den Eigenbedarf kennzeichnen diesen Weg, auf dem Entwicklungshilfe zwar nur eine marginale, aber eben doch eine Rolle spielt.
So wären die Entwicklungsländer als Ganzes, besonders aber die Ärmeren in den Entwicklungsländern, ohne unsere »Hilfe« besser dran.

Es gibt allerdings eine perfekte Interessenidentität zwischen den Liefer- und Gewinninteressen der Industrie in den Geberländern und den Gewinn- und Machterhaltungsinteressen der Oberschicht in den Entwicklungsländern.
Die Oberschicht profitiert nicht nur von den anfallenden Bestechungsgeldern, sondern vor allem dadurch, daß sie keine oder kaum

Steuern zu bezahlen braucht. Geht man nach den Zahlen der Weltentwicklungsberichte der Weltbank, so würde bei Entwicklungsländern mit mittlerem Pro-Kopf-Einkommen eine Steuer von 2 % des Einkommens der obersten 20 % der Einkommenspyramide ausreichen, um alle Entwicklungshilfe von außen überflüssig zu machen. In den ärmeren Ländern wie Bangladesch müßte ein solcher Steuersatz bei 10 % liegen. In Pakistan gibt es trotz riesigen Feudalbesitzes keine Besteuerung der Landwirtschaft.

In Bangladesch zahlen von über 90 Millionen Einwohnern nur 400 000 Steuern, und die nach allgemeiner Überzeugung auch nur auf dem Papier. Weltbank und UNDP haben sich nun vorgenommen, die Verwaltung dort zu reformieren, um die Korruption auszurotten und die Steuermoral anzuheben. An die Ursachen, den Zustrom wohlfeilen ausländischen Geldes, will man dabei nicht heran. Als erstes sollen stattdessen die Gehälter der Minister und obersten Beamten angehoben werden, damit sie Nebeneinkommen nicht mehr nötig haben. Wo mag dieser Punkt etwa beim Regierungschef Bangladeschs und Obersten Kriegsverwalter, General Ershad, erreicht sein, der schon während seiner Militärzeit auf ungeklärte Weise zu 60 acre Grundbesitz kam, allein aus einem seiner Häuser im Prominentenviertel Dhakas monatliche Einnahmen von 25 000 Taka bezieht und eine Yacht in der Ostsee haben soll? Solange Entwicklungshilfe den Korruptionsapparat von oben bis unten am Laufen hält und die Reichen der Notwendigkeit, Steuern zu zahlen, enthebt, dienen alle derartigen Deklarationen nur der Verschleierung.

Die Vermittlung zwischen unserer Industrie und den Oberschichten in den Entwicklungsländern übernimmt die Bürokratie des BMZ und seiner Durchführungsorganisationen zusammen mit den von ihnen abhängigen Experten und Consultings. Diese bilden inzwischen eine eigene Interessengruppe mit hohen Gehältern — ein Experte kostet im Schnitt 200 000 – 300 000 DM jährlich —, hohem Sozialprestige und einem äußerst interessanten Beruf. Nicht zuletzt gehören dazu die Entwicklungspolitiker, deren öffentlicher Einsatz für eine Erhöhung der Entwicklungshilfe sich moralisch immer bezahlt macht. Wer sich für die Armen engagiert, muß ja ein guter Mensch sein.

Regierungen können nur mit Regierungen verhandeln. So dient die deutsche Bürokratie, ob sie will oder nicht, den Interessen der herrschenden Schichten in den Entwicklungsländern. Die haben an einer größeren Verteilungsgerechtigkeit zur Beseitigung des Hungers in ihren Ländern nur im Ausnahmefall irgendein Interesse.

Auf unserer Seite betrachtet die deutsche Industrie die BMZ-Gelder ganz selbstverständlich als ihr Eigentum. Ich erlebte es sogar, daß ein Siemens-Vertreter mir nicht einmal höflicherweise eine formale entwicklungspolitische Begründung für sein Finanzierungsansinnen nennen konnte. Und ein Vertreter von Mercedes fragte bei mir wegen der Finanzierung von Lastkraftwagen für Pakistan an. Als ich ihm sagte, das komme gar nicht in Frage, da diese bekanntlich alle in einem Pool des Militärs verschwänden, meinte er lachend, diese Antwort habe er seinem Chef prophezeit, aber doch den Auftrag erhalten, es mal zu versuchen.

Seit der Einführung der Lieferbindung* — in jeder Vorlage über eine Projektentscheidung muß neuerdings die Beschäftigungswirksamkeit des Projekts nicht etwa für das Entwicklungsland, sondern für die Bundesrepublik nachgewiesen werden — steigt die entwicklungshilfefinanzierte Gewinnmarge der deutschen Lieferanten noch erheblich an. »Da können wir uns mit einem fettigen Tuch den Mund abwischen!«, bekannte in schöner Offenheit ein Industrieller bei einem Gespräch von Minister Offergeld mit dem BDI*.

Lieferbindung bedeutet, daß Lieferungen im Schnitt 20 % teurer werden, als wenn wir sie international ausschreiben. So erhielt dem Vernehmen nach zum Beispiel bei einem 4 Mio.-DM-Projekt seismologischer Untersuchungen in Bangladesh eine bundeseigene Firma trotz eines um ca. 1 Mio. DM überhöhten Angebots den Auftrag, weil das Angebot ohne Preisvergleich akzeptiert worden war. Die Kosten des 400 Mio. DM teuren Mahaweli-Staudamms in Sri Lanka stiegen plötzlich innerhalb eines Jahres um 100 Mio. DM, nachdem Minister Offergeld entschieden hatte, daß ein deutsches Konsortium den Auftrag erhalten müsse. Das schien BMZ und KfW denn doch zu bunt und wurde noch etwas heruntergehandelt.

Doch die Industrie hat nicht nur insoweit den Fuß im BMZ, als die großen Firmen Geschäfte, die sie wirklich interessieren, normalerweise auch durchsetzen. Sie beeinflußt auch, jedenfalls seit der »Wende«, die politische Haltung des BMZ zu ganzen Ländern.

Ein beinahe schon drolliges Beispiel ist der Gesinnungswandel des BMZ gegenüber Zimbabwe. Staatssekretär Lengl, vormals Hanns-Seidel-Stiftung und enger Freund des Diktators Mobutu, verkündete, der Ministerpräsident von Zimbabwe, Robert Mugabe, sei inzwischen ein so getreuer Gefolgsmann Moskaus, daß er nicht mehr anders als im sowjetischen Sinne handle. Man müsse deshalb die Entwicklungshilfe an Zimbabwe so schnell wie möglich beenden. Alle Einwände der Zimbabwe-Fachleute des Hauses schob er mit dem Hinweis beiseite, er verfüge schließlich über die jüngsten Informationen. Als erster Schritt wurden die anstehenden Regierungsverhandlungen verschoben. Kaum erfuhr das die Industrie, rannten ihre Vertreter dem Staatssekretär die Tür ein. Einen so vielversprechenden Markt konnte man doch unmöglich den Engländern überlassen. Der Erfolg dieser konzentrierten Lobby-Tätigkeit ließ nicht lange auf sich warten. Der Minister reiste binnen kurzem nach Zimbabwe und lobte Mugabe als weisen afrikanischen Staatsmann. Zimbabwe ist inzwischen zum Lieblingskind deutscher Entwicklungshilfe avanciert.

So betreiben die deutsche Industrie, die deutsche Bürokratie und die herrschenden Schichten in den Entwicklungsländern in schöner Eintracht ihre gemeinsamen Interessen voran. Ihre Zielgruppe sind die Ärmsten der Armen — als Opfer.

Nichts sehen — nichts hören — nichts sagen

Experten sowie Botschaftsangehörige wunderten sich sehr darüber, daß ich mit Entsetzen reagierte, als ich die Auswirkungen meiner Tätigkeit in Bangladesch mit eigenen Augen sehen mußte. Schließlich hatte ich schon zahlreiche Projektreisen sowohl als Referentin des BMZ als auch als Abgeordnete des Deutschen Bundestages unternommen. Natürlich hegte ich schon lange Zweifel am Sinn der Entwicklungshilfe. Ich wußte, daß wir die Mächtigen und ihre Unterdrückungsstrukturen stärken.

Aber es besteht, glaube ich, ein Unterschied zwischen Wissen und Wahrnehmen. In Bangladesch habe ich zum ersten Mal wirklich *wahrgenommen*, wie konkret wir Bauern ihres Landes berauben, Kinder vergiften, Eigeninitiativen verhindern und ein Land in Abhängigkeit halten.

Wir haben ein perfektes System entwickelt, um uns vor solchen Wahrnehmungen zu schützen, damit wir weiter unsere ausgezeichnet bezahlten Jobs mit gutem Gewissen ausüben können. Ich will im folgenden versuchen, einige dieser Mechanismen aufzuzeigen.

Scheuklappen

Die wichtigste Informationsquelle waren für mich immer die eigenen Reisen und Projektbesuche. Wenn man als BMZ-Verantwortlicher in »sein« Entwicklungsland kommt, wird man von einem Botschaftsangehörigen am Flughafen oder in Pakistan zum Beispiel sogar vom Protokollchef der zuständigen Behörde direkt am Flugzeug abgeholt.

Dann wartet man im VIP-Raum auf die Erledigung des Gepäcks und wird im klimatisierten Wagen zum Luxushotel gefahren. Wegen der Unzumutbarkeit von Hotels einfacherer Kategorien werden einem dessen Kosten bei der Reisekostenabrechnung erstattet, auch wenn sie den normalen Spesensatz weit überschreiten. Es empfängt einen die sterile Atmosphäre eines Intercontinental oder Holiday Inn. Das einzige Lokalkolorit verleiht dann etwa in Bangladesch der Ausblick auf die Slums. Sinnigerweise hat man dort das Renommierhotel Shonagon mit seiner riesigen, marmorverzierten Eingangshalle direkt in die Nachbarschaft von Slums gesetzt und nicht, wie sonst üblich, ins Villenviertel. Von japanischer Entwicklungshilfe finanziert, soll es wahrscheinlich die Eigeninitiative der Slumbewohner modellhaft anregen.

Der UNDP-Vertreter in Dhaka hatte übrigens versucht durchzusetzen, daß die ankommenden Experten nicht mehr, wie bisher üblich, monatelang im Shonagon residieren, sondern sich gleich ein Haus mieten. Vergeblich. Die Regierung fürchtete, daß dann ihr Hotel leerstehen würde.

Von Anfang an bewegt man sich also in der Atmosphäre der Oberen Zehntausend. Vom Hotel fährt man in einer Botschaftslimousine in die Ministerien zu Gesprächen mit höheren Beamten. Diese sind auf der sozialen Skala normalerweise zwischen Großgrundbesitzer und Mittelstand einzuordnen. Einen meiner ständigen pakistanischen Verhandlungspartner fragte ich einmal, ob er auf seinen Gütern Pächter oder Landarbeiter beschäftige. Er hatte seit Bhuttos Pachtreform auf Landarbeiter umgestellt. »Die Pächter wird man so schwer wieder los!«, meinte er lachend. Dann fuhren wir fort, über die Konzeption eines Grundbedürfnis-Projekts zu verhandeln.

Danach fängt man an, durch die Projekte zu rasen. Pro Projekt setzt man im Schnitt einen halben bis einen Tag an, wobei häufig längere Fahrten einen großen Teil der Zeit wegnehmen. Selbstverständlich versucht jeder Projektleiter und fast jeder Experte, sein Projekt positiv darzustellen. Von meinem Eindruck hängt schließlich ihr Arbeitsplatz ab. Selbst wenn sie ehrlich die ganze Problematik schildern, so bleibt es doch immer die Sicht des weißen Experten, auf die man erst einmal eingestimmt wird. Dabei sind sie meist so randvoll mit ihren Problemen und Erfolgserlebnissen, daß sie ununterbrochen auf einen einreden. Nur allzu selten haben sie Gelegenheit, ihre Tätigkeit umfassend einem interessierten Zuhörer, von dem auch noch Gestaltung und Zukunft des Projekts abhängen, darzustellen.

Dieses völlig verständliche Verhalten führt dazu, daß die *Counterparts* oder gar die einheimischen Mitarbeiter des Projekts nur selten zu Wort kommen. Wenn aber, dann spricht man nur in Gegenwart des oder der Experten mit ihnen. Wenn sie miteinander nicht gerade völlig zerstritten sind, was ich nie erlebt habe, stellen sie alles so dar, wie sie es vorher mit dem Projektleiter abgesprochen haben.

Will man zum Beispiel wenn schon nicht mit den betroffenen Bauern, so doch wenigstens einmal mit einem *Counterpart* allein reden, so muß man einen psychologisch schwierigen Kraftakt vollbringen. Jedes separate Gespräch mit einem Einheimischen wird zwangsläufig von den Experten als Mißtrauen ausgelegt. Ich habe dies in Bangladesch zum ersten Mal bewußt in Kauf genommen. Je sympathischer und engagierter die Experten mir schienen, desto schwerer fiel mir diese demonstrative Mißtrauenserklärung, die keine sein sollte. Sicherlich hatte ich auch auf früheren Reisen immer versucht, mit Einheimischen zu reden. Aber erst in Bangladesch wurden mir die Mechanismen klar, mit denen wir uns immer wieder selbst übertölpeln.

Auf den oft sehr anstrengenden Fahrten über Land oder beim dritten Projektbesuch an einem Tag war es ganz einfach weniger anstrengend, deutsch anstatt englisch zu sprechen. Es klang auch immer wie Rechthaberei, wenn ich bat, eine ins Deutsche übergewechselte Unterredung wegen des anwesenden *Counterparts* wieder auf Englisch weiterzuführen. Komplizierte Dinge erklärten sich auch leichter auf deutsch. Ich verstand häufig englische Fachausdrücke nicht, und schon landeten wir wieder beim Deutschen. Oft sprach auch der *Counterpart* ein schlechtes Englisch und, durch die Allgewalt des BMZ und die Anwesenheit einer mit Macht ausgestatteten Frau eingeschüchtert, so leise, daß es sehr mühsam war, ihn zu verstehen. So verstand ich mehrfach das, was ein *Counterpart* sagte, falsch, und der Experte mußte sich wieder einschalten, um das Mißverständnis zu klären. Schon hielt ich mich lieber gleich wieder an den Experten. Hinzu kommt natürlich noch die psychologische Nähe zu einem anderen Deutschen in einer fremden Umgebung. Ganz automatisch traut man ihm mehr und meint zu Recht, seine Reaktionen und Interpretationen leichter deuten zu können als die eines Angehörigen einer anderen Kultur.

Hinzu kommt, daß man sich sehr viel Zeit nehmen muß, um das Vertrauen eines Einheimischen zu erwerben. Er hat ja keinen Anlaß, einem fremden Menschen zu vertrauen. Außerdem gefährdet er durch Kritik seinen eigenen Arbeitsplatz, sei es, daß er dafür zur Rechenschaft gezogen wird, sei es, daß seine Informationen zur Einstellung des ganzen Projekts oder eines Projektteils führen können. Ich habe auch erst lernen müssen, mich auf die Kommunikationsweise der Bangladeschis einzustellen. Nicht durch vieles Fragen erfuhr ich am meisten von ihnen, sondern beim ruhigen Ausredenlassen. Vor allem längere Gesprächspausen zu ertragen, fiel mir schwer. Vielleicht sind mir auch deshalb die Augen gerade bei dieser Dienstreise aufgegangen, weil die Bangladeschis von erstaunlicher Offenheit sind.

Objektivität auf Bestellung

Neben den eigenen Reisen sind die wichtigsten Informationsquellen die Gutachten, die man vor und während der Projektdurchführung in Auftrag gibt.

Ich hatte es vor meiner Bangladesch-Reise nie als problematisch angesehen, daß wir im BMZ gleichzeitig Auftraggeber, teilweiser Prüfungsgegenstand und Abnehmer dieser Gutachten waren. Ich hielt die wissenschaftlichen Gutachter für unabhängig und meine Kollegen und mich für selbstkritisch genug, um auch grundlegende Kritik zu produzieren und zu akzeptieren.

In Bangladesch merkte ich zum ersten Mal sehr drastisch, daß es wohl kaum gelingen kann, ein von den Interessen des BMZ-Auftraggebers und denen des Gutachters unbeeinflußtes Gutachten zu erhalten. Der BMZ-Bearbeiter hat seine eigenen Urteile oder Vorurteile gegenüber jedem Projekt und läßt diese automatisch bei den Vorbesprechungen erkennen. Der Gutachter muß auch beim besten Willen daran interessiert sein, daß sein Gutachten ohne allzu große Korrekturen abgenommen wird, daß er sein Honorar mit Tagessätzen um die 250,— DM rechtzeitig bekommt und er im BMZ als qualifizierter Fachmann für weitere Gutachten vorgesehen wird.

Als BMZ-Referent will man aber nicht nur gute Projekte machen, sondern man braucht in erster Linie saubere Akten. Denn das Karriere-Schädlichste, was einem im Ministerium passieren kann, ist eine Kritik des Bundesrechnungshofs, der seine Weisheit auch nur wiederum aus den Akten bezieht, wenn man ihr nicht mit Gegenzitaten aus Gutachten begegnen kann. Ich will hier bestimmt nicht behaupten, daß wir uns laufend Gefälligkeitsgutachten bestellen oder gar die moralische Integrität von Gutachtern in Frage stellen. Aber mir scheinen hier Mechanismen wirksam zu sein, die unvermeidbar Gutachten zu einer sehr fragwürdigen Entscheidungsgrundlage machen.

Das A und O ist die Auswahl der Gutachter. Man sucht sich selbstverständlich solche aus, die auf der eigenen Linie liegen, sei es, daß man ein Projekt totprüfen lassen will, wie es inzwischen mit dem oben beschriebenen Pflanzenschutzprojekt geschehen ist, sei es, daß man ein Projekt ausweiten will und dazu Vorschläge braucht, die den eigenen Vorstellungen entsprechen. Dabei kann einem dann höchstens noch in die Quere kommen, daß das Inspektionsreferat im BMZ ein Veto einlegt, weil dem Leiter dieses Referats ein Gutachter politisch nicht paßt oder er mit ihm persönlich zerstritten ist, wie es mir einmal passierte.

Ich hatte also für die Prüfung des Familienplanungsprojektes zwei nach meinem Eindruck sehr aufgeschlossene jüngere Fachleute engagiert, einen der Entwicklungshilfe gegenüber sehr kritisch eingestellten Soziologen und eine Ärztin von Pro Familia. In langen Vorgesprächen hatte ich ihnen klargemacht, daß ich von ihrem Gutachten nicht nur Detailkritik erwartete. Ich brauchte auch grundsätzlichere Aussagen darüber, ob wir als ausländische Geber in einem so diffizilen Bereich wie der Familienplanung in einer fremden Kultur überhaupt eine positive Rolle spielen könnten. Es stand nämlich ein Treffen der westlichen Geber in Paris an, bei dem auf deutsches Drängen hin die Bevölkerungspolitik zum Hauptthema gemacht werden sollte.

Fast wäre ich dabei schon an einer simplen Verwaltungsvereinfachung gescheitert. Um die Prüfung des Projekts unter derselben Projektnummer laufen lassen zu können wie das Projekt selbst, hatte ich den Auftrag dafür als Entgeltauftrag an die GTZ gegeben, ohne zu beachten, daß diese dadurch auch für die inhaltliche Abnahme des Gutachtens verantwortlich wurde. Bisher waren meine Projektprüfungen als Treuhandaufträge abgewickelt worden, wobei die GTZ nur organisatorisch, aber nicht inhaltlich zuständig war. Da die Gutachter nun völlig richtig unterstellten, daß sich die GTZ ihr Renommierprojekt nicht kaputtmachen lassen, sondern es im Gegenteil ausweiten wollte, stellten sie sich von vornherein auf eine Positiv-Prüfung ein. Erst nach mehreren Tagen der Zusammenarbeit in Bangladesch klärten sie mich über diesen ihren Beweggrund für ihren hinhaltenden Widerstand meiner Fragestellung gegenüber auf. Allerdings hat dann auch meine Zusage, die GTZ wieder auszuschalten, nicht viel bewirkt. Offensichtlich schätzten die beiden meine Rolle im BMZ als zu wenig einflußreich ein, nachdem ihnen die positive Haltung meiner Vorgesetzten zur Unterstützung der Bevölkerungsplanung klar war, als daß sie sich zu einer Grundsatzkritik hätten hinreißen lassen. Ein Bekannter des Soziologen hatte einmal mehrere Monate lang wegen Einsprüchen des BMZ auf die Bezahlung seines Gutachtens warten müssen. Das inzwischen vorliegende Gutachten zum Familienplanungsprojekt befindet: »Die Gutachter kommen aufgrund des erhobenen Evaluierungsbefundes zu einer insgesamt positiven Beurteilung der bisherigen Förderungsmaßnahmen.« Wie ich kürzlich geführten Gesprächen entnommen habe, sind sie ehrlich davon überzeugt.

Eine noch sehr viel stärkere und bewußtere interessenbedingte Einäugigkeit muß ich der Gutachterin für das Bevölkerungsprogramm, dem deutschen Finanzierungsanteil am Weltbankprojekt, unterstellen, die zufällig zur gleichen Zeit wie ich in Bangladesch war. Aufgeschreckt durch Meldungen über einstürzende Familienplanungszentren, nicht arbeitende Familienberaterinnen, skurrile Mütter-Clubs und lebensgefährliche Sterilisationen hatte ich mich gegen den Widerstand der KfW durchgesetzt und diese dazu gebracht, sich an den halbjährlichen Prüfungen der Weltbank wenigstens diesmal zu beteiligen. Die KfW suchte dafür eine Gutachterin aus, die in Deutschland als hervorragende Expertin für Bevölkerungsprobleme gilt. Nur durch Zufall erfuhr ich, daß sie selbst noch bis vor kurzem bei der Weltbank für die Einrichtung von Mütter-Clubs in Bangladesch zuständig gewesen war. Sie sollte also praktisch sich selbst begutachten, ein Objektivität in besonderem Maße förderndes Verfahren.

Darüberhinaus sah sie keinerlei Veranlassung, sämtliche von uns finanzierten Teile des Weltbankprojekts, ja nicht einmal die Funktion der Mütter-Clubs zu untersuchen. Sie wollte lediglich Vorschläge erarbeiten, wie das Einkommen der von den Mütter-Clubs Profitierenden zu verbessern sei. Von diesem Vorhaben ließ sie sich auch nicht abbringen, als ihr ein Bangladesch-Kenner in meiner Gegenwart lang und breit auseinandersetzte, daß nicht arme Frauen, sondern reiche Familien in den Dörfern von den Mütter-Clubs profitieren.

Schon die von ihr selbst in völliger Unschuld erzählte Vorgeschichte ist bezeichnend. Die KfW hatte die Aufenthaltszeit der Gutachterin in Bangladesch mit drei Wochen angesetzt. Das schien der Weltbank, also dem Prüfungsobjekt, unnötig lange. Daraufhin reduzierte die KfW ihre Aufenthaltszeit einfach um eine ganze Woche. Wenn ich es nicht mit eigenen Augen gesehen hätte, dann hätte ich auch folgendes nicht für möglich gehalten: Für die verbleibenden zwei Wochen hatte ihr die Weltbank einen Besuchsplan aufgestellt, an den sie sich peinlich genau hielt. Darin waren genau zwei Tage *»field visit«* vorgesehen, von denen auch noch die knappe Hälfte durch An- und Abreise verbraucht wurde. Die gesamte übrige Zeit verbrachte die Gutachterin in den diversen Büros von Dhaka, wo man, vom Luxushotel aus leicht zu erreichen, bekanntlich alles Wissenswerte über Land und Leute erfährt.

Das führte dann zu solchen Ergebnissen: Der Arzt, der zwei Jahre vorher ein Gutachten geschrieben hatte, hatte moniert, daß in den Medizinkästen der Familienplanungsberaterinnen viel zu viele und ungeeignete Arzneimittel herumgeschleppt würden. Auf meine wiederholten Nachfragen, ob dieser Mißstand inzwischen abgestellt sei, versicherte sie mir schließlich, der Arzt habe sich damals geirrt. Wieso? Der Arzneikasten werde nur von Familienplanungsberaterinnen einer höheren Kategorie benutzt. Eine für die Problematik völlig irrelevante Auskunft, die sie sich außerdem noch nicht einmal bei einer Beraterin, sondern einfachheitshalber beim Leiter des Weltbankprojekts in Dhaka geholt hatte. Meinen Nachfolger im Ministerium wird dies nun befriedigen müssen. Er kann ja nicht ahnen, daß ein Gutachter nichts anderes im Sinne hat, als der Weltbank nach dem Munde zu reden. Meine entschiedene Forderung, sie solle wenigstens noch einen Tag lang Mütter-Clubs im Lande besuchen, wies sie entsetzt von sich. Das wäre der Weltbank nicht genehm. Als ich sie dann doch dazu zwang, führte sie kein einziges Gespräch mit einer der betroffenen Frauen, sondern fragte nur die Leiterin, wieviel die Nähmaschine gekostet habe. Wer im Entwicklungshilfe-Geschäft etwas werden will, muß sich schließlich mit der Weltbank gutstellen. Wenn man auf einen ihrer gut bezahlten und hochangesehenen Jobs spekuliert, darf man ihr auch nicht in Kleinigkeiten in die Quere kommen.

Aber nicht nur bei der eigenen Informationssuche und bei der unserer deutschen wissenschaftlichen Gutachter wurden mir zu Verfälschungen führende Beschränkungen vor Augen geführt. Ein Erlebnis mit einer einheimischen Wissenschaftlerin machte mir deutlich, wie relativ auch der Realitätsgehalt von Informationen aus anscheinend authentischer Quelle sein kann.

Bei der Vorbereitung der Prüfung des Familienplanungsprojekts hatte ich mir überlegt, daß es hilfreich wäre, bei Besuchen in den Dörfern einen bangladeschischen Sachverständigen dabei zu haben, oder besser noch eine Sachverständige, der oder die uns unverständliche Dinge und Reaktionweisen erklären könnten, um Mißverständnisse zu vermeiden. Das Problem beginnt schon bei ganz einfachen Dingen: so bedeutet Kopfschütteln z.B. in Pakistan »ja« und nicht »nein« wie bei uns. Deshalb bat ich eine mir vom Projekt benannte und für ihre Fachkenntnis in Bevölkerungsfragen bekannte bangladeschische Soziologin, uns bei einem Besuch von Mütter-Clubs zu begleiten. Nach mehreren telefonischen Rückfragen, z. B. mit der Frage, wie tief denn der Matsch sei, durch den sie gehen müsse, war sie schließlich zur Teilnahme bereit. Was ich nicht geahnt hatte: obwohl sie gerade an einer Arbeit über Mütter-Clubs in bangladeschischen Dörfern schrieb, war sie noch nie in ihrem ganzen Leben in einem Dorf gewesen. Sie bezahlte Leute, die nach ihren in Dhaka erarbeiteten Anweisungen in den Dörfern Befragungen durchführten. Dabei empfand ich sie wirklich als reizende, aufgeschlossene und hochintelligente Frau. Sie ging dann auch tapfer über wacklige Stege und matschige Wege, ließ sich von Fahrradrikschas über staubige Straßen fahren und wurde erst nach geraumer Zeit des Gesprächs mit Dorffrauen unruhig und drängte nach draußen. Nur in ein *Country-Boat* zu steigen, in dem man auf dem Boden sitzen muß, das ging dann doch zu weit. So mußten wir unser Besuchsprogramm vorzeitig abbrechen. Nicht sie hatte uns, sondern wir ihr etwas völlig Neues gezeigt. Ich erzähle das wirklich nicht, um diese Frau lächerlich zu machen, denn für sie muß schon der absolvierte Teil des Tages eine riesige Überwindung bedeutet haben. Sie hatte den Widerstand ihres Mannes zu überwinden gehabt, um überhaupt teilnehmen zu können. Es scheint mir nur wichtig klarzumachen, welcher Art die Quellen sind, aus denen wir unsere Kenntnisse schöpfen. Für mich hätte jedenfalls ohne dieses Erlebnis eine Studie über Mütter-Clubs von einer Bangladeschi als sehr wichtige und authentische Informationsquelle gedient.

Selbsttäuschung

Ein weiterer Grund für Kurzschlüsse und Fehlurteile scheint mir in der bei uns weitverbreiteten Unfähigkeit zu echter Kommunikation zu liegen. Der nach meiner Erfahrung bei fast allen Politikern ausgeprägte Drang, sich selbst darzustellen und die eigene Sicht der Dinge zu verbreiten, anstatt erst einmal aufzunehmen, worum es eigentlich geht, treibt auch die höheren Beamten in kaum geringerem Ausmaß. In Entwicklungsländern wird dieses Verhalten dann noch einmal potenziert: einmal durch die Grundannahme jeglicher Entwicklungspolitik, daß wir alles besser wissen und können, zum anderen durch die Notwendigkeit, die Gelder, die wir geben, mit Auflagen zu versehen.

Da einem die eigenen Unfähigkeiten auf diesem Gebiet nur in seltenen Fällen bewußt werden, muß ich hier auf zwei Beispiele zurückgreifen, bei denen sie mir bei anderen auffielen.

Während eines Abendessens saß ich neben einem hohen UN-Beamten, uns gegenüber ein prominenter Bangladeschi.

UN-Beamter: »Die Bangladeschis brauchen uns eben. Wenn Sie ihn fragen würden, würde er Ihnen das Gleiche sagen.«

Ich: »Dann fragen Sie ihn doch, er sitzt Ihnen doch gegenüber.«

UN-Beamter: »Ich weiß das, er würde das sagen.«

Der Bangladeschi hörte schweigend diesem Gespräch zu.
Die Unfähigkeit beschränkt sich nicht auf die Kommunikation mit Vertretern anderer Kulturen. Der UNDP-Vertreter in Dhaka, ein Deutscher, hatte auf einen meiner Vorgesetzten, der nicht lange vor mir

Bangladesch besucht hatte, durch seine Fach- und Landeskenntnis einen großen Eindruck gemacht. Deshalb empfahl er mir, unbedingt auf dessen Meinung zu hören. Er selbst war mit der Erkenntnis zurückgekommen, die Finanzielle Zusammenarbeit mit Bangladesch sei hinausgeworfenes Geld. Wir sollten uns weitgehend auf Technische Zusammenarbeit umstellen. Der hochgeschätzte UN-Beamte verblüffte mich nun mit der dezidierten Meinung, alle Technische Zusammenarbeit mit Bangladesch sei reiner Unsinn einschließlich der von UNDP, da das Land über genügend Fachleute verfüge und z. B. massenweise bangladeschische Ingenieure arbeitslos herumliefen. Über Finanzielle Zusammenarbeit könne man vielleicht noch nachdenken. Die beiden Herren hatten mehrere Stunden lang miteinander gesprochen und sich gut verstanden. Daß sie entgegengesetzte Meinungen in einer grundlegenden Frage vertraten, hatten sie nicht einmal bemerkt.

Ein weiteres Hindernis, Realitäten wahrzunehmen, liegt darin, daß wir automatisch deutsche Verhältnisse im fremden Land unterstellen. Zum Beispiel erzählte mir ein Experte im Tierzuchtprojekt Savar, streunende Hunde würden von ihnen wegen der Ansteckungsgefahr für die hochgezüchteten Rinder abgeschossen. Hunde, die einen Besitzer hätten, erkenne man dagegen am Halsband. Das kam mir ganz normal vor, bis mir ein Bangladeschi erzählte, in den umliegenden Dörfern hätte es Empörung wegen des Abschießens ihrer Hunde gegeben. Daraufhin hatte der deutsche Experte befohlen, alle Besitzer von Hunden hätten diesen ein Halsband umzulegen. Dem kamen die Bangladeschis nur sehr widerwillig nach. Das hörte sich schon nicht mehr so normal an.

Ich hielt es auch auf den ersten Blick für eine positive soziale Tat, daß einer der Experten in der Telefonfabrik Tongi durchgesetzt hatte, blinden Arbeitern den anderthalbfachen Lohn zu zahlen. Nachdenklich machte mich erst seine Erzählung über die Reaktion der Gewerkschaft. »Das sind alles Verbrecher.« Die hatte sich nämlich über diese Maßnahme empört, und ein Gewerkschaftsvertreter hatte ihm sogar gesagt, er werde sich die Augen ausstechen, um auch den höheren Lohn zu erhalten. Angesichts von so vielen Menschen, die von einem der wenigen, die in Bangladesch einen festen Arbeitsplatz haben, abhängen, und angesichts der Vermutung, daß Kinder verkrüppelt werden, um mehr Chancen beim Betteln zu haben, kein ganz unwahrscheinlicher Gedankengang. Was unter deutschen Verhältnissen eine gute und richtige Maßnahme wäre, sieht unter bangladeschischen sehr viel problematischer aus.

Das wichtigste Instrument aber, mit dessen Hilfe wir trotz aller Einzelkenntnisse immer weiter unsere Entwicklungshilfe rechtfertigen und so die von uns begangenen Grausamkeiten psychisch aushaltbar machen, ist neben der selektiven Wahrnehmung das Mittel der Abstraktion. Es befreit uns davon, konsequent bis zu Ende denken und die Frage beantworten zu müssen: für wen? Auch wenn wir täglich mitbekommen, wie Kleinbauern durch unsere Aktivitäten ihr Land verlieren, behaupten wir immer noch, unsere Projekte steigerten die nationale Produktion. Ich habe es immer wieder erlebt, wie Experten auf ein höheres Abstraktionsniveau auswichen, wenn sie merkten, daß die Logik des Gesprächs dazu führte, daß durch unsere Hilfe Bauern verhungern. Oder ein UN-Beamter suchte den Ausweg so: »Natürlich müssen wir mit den Reichen zusammenarbeiten. Wenn die Armen drankommen, wird es ja noch schlimmer.«

Wie hilfreich Abstraktion sein kann, um Schuldgefühlen zu entkommen, habe ich am eigenen Leibe erlebt. An einem Abend kam ein Gutachter fröhlich zu mir und erzählte, heute ginge es ihm erstmals richtig gut. Er sei sich jetzt über den Aufbau des Gutachtens klar und habe das Gefühl, ein gutes Projekt zu prüfen. Übrigens habe er heute zwei, nein drei Kinder kurz vor dem Hungertod gesehen. Ich dachte nur kurz, na hoffentlich brauche ich das nicht auch noch. Dann fuhr ich fort, ihm den Unterschied zwischen Verpflichtungsermächtigung und Barmittelansatz im deutschen Haushaltsrecht zu erklären. Am nächsten Morgen unter der Dusche wurde mir erst klar, welche Ungeheuer wir doch sein müssen, wenn wir solche Reaktionen zeigen. Ich fing an zu weinen. Erst ein Trick brachte mich wieder zum Funktionieren. Ich dachte und redete fortan nicht mehr von verhungernden Landlosen, sondern von der »unerwünschten Konzentration der Landwirtschaft«. Es war für mich geradezu phantastisch, wie ich von einer Minute auf die andere wieder völlig emotionslos über alle Projekte sprechen konnte. Das Mittel hilft wirklich! Geweint habe ich nur noch nachts — und beschloß, das Funktionieren einzustellen.

Anhang*

Erläuterungen

Absorbtionsfähigkeit:* Aufnahmefähigkeit der Empfängerländer für Entwicklungshilfe

acre:* ca. ein Morgen, 4047 m^2

Allokation:* Zuordnung, hier besonders zu einer bestimmten Zielgruppe oder Region

Bangladesch: (aus Fischer Weltalmanach 1985):

Fläche: 143 998 km^2

Einwohner: 94 650 000 = 657,3 je km^2

Jährl. Bevölkerungswachstum: 2,6 %

Bevölkerung: Bengalen; außerdem 1 – 1,5 Mio. Bihari usw. 0,5 Mio. Angehörige von Stämmen mit tibetobirmanischen Sprachen

Religion: rund 85 % Muslime, etwa 8,5 % Hindus; buddhistische und christliche Minderheiten.

Staats- und Regierungsform: Volksrepublik; Verfassung von 1972 — Kriegsrecht seit 24.3.1982.

Staatsoberhaupt: General Hussain Mohammad Ershad seit Dezember 1983 (Staatschef und Oberster Kriegsrechtsverwalter seit April 1982).

Parteien: derzeit suspendiert.

Hauptstadt: Dhaka, ca. 3,4 Mio. Einwohner

Wirtschaft: BSP 1980: 11 030 Mio. US-Dollar

Außenhandel: 1982 Ausfuhr 765 Mio. US-Dollar; Einfuhr: 2 284 Mio. US-Dollar

Wichtige Ausfuhrgüter: Jute und Jute-Produkte (60 – 80 %), Tee, Häute und Felle, Fische.

Wichtige Handelspartner: USA (13 %), Indien, EG-Länder, Japan.

* Die Erklärungen im Anhang stammen, soweit sie nicht mit * gekennzeichnet sind, aus dem Journalisten-Handbuch des BMZ.

(aus Journalisten-Handbuch für Entwicklungshilfe 1984):
LLDC (Least Developed Country)
MSAC (Most Seriously Affected Country)
Wichtigste Ursachen für bisher ungenügende Entwicklungserfolge sind Bevölkerungsdruck, mangelnde Ressourcenausstattung (Ausnahme: Naturgasvorkommen), schwach ausgebaute Infrastruktur und Naturkatastrophen (Überschwemmungen). Die Schwerpunkte der Zusammenarbeit liegen auf den Gebieten der Landwirtschaft, Bevölkerungsplanung, Energie und Transportwesen. Dem Volumen nach steht die Bundesrepublik Deutschland an fünfter Stelle der Geber.

Export in die Bundesrepublik 1983: 59,3 Mio. DM
Import aus der Bundesrepublik 1983: 192,9 Mio. DM

Entwicklungshilfe: Letzte Zusagen: 120 Mio. DM FZ (1983), 41,7 Mio. DM TZ (1983), 10,7 Mio. sonstige Zusammenarbeit (1983). 64 Projekte, 38 Experten, 788 Stipendiaten. Gesamte FZ: 1649,5 Mio DM (davon 765,9 Mio. DM als Zuschuß); gesamte TZ im eigentlichen Sinne: 307,9 Mio. DM; gesamte sonstige Zuwendungen: 81,6 Mio. DM.

Consulting*: Beratungsunternehmen

Counterpart*: einheimischer Kollege eines Experten, der nach dessen Weggang seine Stelle übernehmen soll.

Entwicklungsbank: Die Bundesregierung vergibt Globaldarlehen an die Entwicklungsbanken, die ihrerseits Kredite zur Finanzierung von Anlageinvestitionen vor allem kleiner und mittlerer (fast ausschließlich privater) Unternehmen oder auch Betriebsmittelkredite bereitstellen. Durch dieses Verfahren — begleitet durch Maßnahmen der Technischen Zusammenarbeit — wird der Aufbau eines funktionstüchtigen einheimischen Kreditwesens gefördert sowie die Organisationskapazität gestärkt.

Experten: Sie werden von Organisationen der Bundesrepublik Deutschland unter Vertrag genommen und als fachliche Berater in Projekten und Programmen der staatlichen Technischen Zusammenarbeit eingesetzt. Entsendeorganisationen sind in erster Linie die GTZ und Consulting-Unternehmen.

Finanzielle Zusammenarbeit: Sie wird den Entwicklungsländern hauptsächlich in Form günstiger Kredite, für bestimmte Staaten (LLDC) als nichtrückzahlbarer Finanzierungsbeitrag, zur Verfügung gestellt. Dies geschieht entweder für konkret vereinbarte Projekte und Programme oder als Warenhilfe zur Deckung eines allgemeinen Einfuhrbedarfs.

Grass-root-level*: unterste Ebene

Grundbedürfnisse: Bei der Bekämpfung der absoluten Armut spielt das Grundbedürfniskonzept eine zentrale Rolle. Zu den »Basic Needs« gehören der laufende Mindestbedarf des einzelnen und seiner Familie an Ernährung, Unterkunft und Kleidung, sowie an lebenswichtigen öffentlichen Dienstleistungen, besonders Trinkwasser, sanitäre Anlagen, Verkehrsmittel, Gesundheits- und Bildungseinrichtungen.
Die Grundbedürfnisstrategie sollte nicht mit einer Almosenstrategie oder internationalen Sozialhilfe verwechselt werden. Es handelt sich vielmehr um einen produktivitätsorientierten Ansatz, bei dem die Mobilisierung der Selbsthilfefähigkeit der armen Bevölkerung im Vordergrund steht. Wesentlich ist, daß grundbedürfnisorientierte Maßnahmen den in absoluter Armut lebenden Massen unmittelbar zugute kommen und die Zielgruppen an Vorbereitung und Durchführung der Projekte beteiligt werden.

Integrierter Experte: Sie treten unmittelbar in Arbeitsverhältnisse mit Stellen in Entwicklungsländern, die ihnen ein ortsübliches Gehalt zahlen; gleichzeitig erhalten sie von der Bundesregierung Gehaltszuschüsse, Zuschüsse für die soziale Sicherung und Übergangshilfen für die berufliche Wiedereingliederung in der Bundesrepublik Deutschland.

Kontraktbauer*: Bauer, der vertraglich mit einem Projekt verbunden ist.

Lieferbindung*: Verpflichtung des Empfängerlandes, durch Entwicklungshilfe finanzierte Lieferungen und Dienstleistungen aus dem Land des Gebers zu beziehen.

Projekt*: Einzelnes, abgrenzbares Vorhaben. Die Mittel der Technischen Zusammenarbeit und der größere Teil der Finanziellen Zusammenarbeit wird in Form der Projekthilfe vergeben.

Rückzahlungsquote*: Anteil der zurückgezahlten Kredite am Ausleihvolumen einer Bank

Subsistenzbauer*: Bauer, der nur für den Eigenbedarf produziert.

Taka*: Landeswährung Bangladeschs. 10 Taka entsprechen ungefähr 1 DM

Technische Zusammenarbeit: Durch Technische Zusammenarbeit soll das Leistungsvermögen von Menschen und Institutionen in Entwicklungsländern erhöht werden. Ziel der bilateralen TZ ist es daher, technische, wirtschaftliche und organisatorische Kenntnisse und Fähigkeiten zu vermit-

teln sowie die Voraussetzung für ihre Anwendung zu verbessern. Sie soll durch geistige und materielle Unterstützung der Eigeninitiative in den Menschen das Bewußtsein wecken, ihre Lebensbedingungen aus eigener Kraft verbessern zu können.
Die Maßnahmen der TZ erfolgen unentgeltlich. Im Rahmen der TZ werden keine »schlüsselfertigen Projekte« erstellt. Die TZ knüpft vielmehr an bestehende oder von Entwicklungsländern zu gründende Organisationseinheiten (Träger) an; diese werden in partnerschaftlicher Zusammenarbeit so aufgebaut und entwickelt, daß sie möglichst bald ihre Aufgaben ohne fremde Hilfe wahrnehmen können. Im Rahmen der TZ können insbesondere folgende Leistungen erbracht werden:

- Entsendung oder Finanzierung von Beratern, Ausbildern, Sachverständigen, Gutachtern und sonstigen Fachkräften;
- Lieferung oder Finanzierung von Ausrüstung und Material für die Ausstattung der geförderten Einrichtungen und der entsandten Fachkräfte sowie Produktionsmittel; die Lieferung von Ausrüstung, Material und Produktionsmitteln ist nicht an die Entsendung von Fachkräften gebunden;
- Gewährung von Zuschüssen und Zahlung von Gehältern an einheimische und nichteinheimische Fachkräfte, die das Entwicklungsland unter Vertrag nimmt;
- Aus- und Fortbildung einheimischer Fach- und Führungskräfte im Entwicklungsland selbst, in anderen Entwicklungsländern, in der Bundesrepublik Deutschland oder in anderen Industrieländern;
- Zuschüsse zu den Kosten für Ausbildungsmaßnahmen, die von Unternehmen in Entwicklungsländern durchgeführt werden;
- Finanzierungsbeiträge zu Projekten und Programmen leistungsfähiger Träger in den Entwicklungsländern.

Thana*: Bangladeschische Verwaltungseinheit. Das Land teilt sich in Distrikte, jeder Distrikt unterteilt sich in Thanas.

Abkürzungsverzeichnis der Institutionen

BADC: Bangladesh Agricultural Development Organization, Organisation des Landwirtschaftsministeriums von Bangladesch

BDI: Bundesverband der Deutschen Industrie

BMZ: Bundesministerium für wirtschaftliche Zusammenarbeit. Das BMZ führt grundsätzlich keine Projekte und Programme der Entwicklungszusammenarbeit durch; seine Aufgabe liegt vielmehr in der Planung, Abstimmung und Verhandlung mit Entwicklungsländern; in der Finanzierung, Steuerung und Koordinierung mit nicht-staatlichen Organisationen; in der Abstimmung mit anderen Geberländern und multilateralen Organisationen; in der Kontrolle der Verwendung der Mittel.

DEG: Deutsche Gesellschaft für wirtschaftliche Zusammenarbeit mbH. Zur Unterstützung des wirtschaftliche Aufbaus in den Entwicklungsländern fördert die vom Bund gegründete DEG private Direktinvestitionen, besonders der mittelständisch-gewerblichen Wirtschaft. Die Förderung betrifft vor allem die Zusammenführung deutscher Unternehmen mit Unternehmen der Entwicklungsländer, den Erwerb von Beteiligungen und die Gewährung von beteiligungsähnlichen Darlehen sowie die Beratung bei Planung und Durchführung partnerschaftlich finanzierter und geleiteter Unternehmen in Entwicklungsländern.

FAO: Food and Agricultural Organization. Ernährungs- und Landwirtschaftsorganisation.
FAO soll die Ernährungs- und Lebensstandards in der Welt heben, insbesondere durch Verbesserung der Lebensbedingungen der ländlichen Bevölkerung. Sie ist das Forum für die weltweite Diskussion von Agrar- und Ernährungsfragen. FAO kümmert sich ferner um die Verteilung landwirtschaftlicher Erzeugnisse sowie um Pflanzenschutz und Tierseuchenbekämpfung.

GTZ: Deutsche Gesellschaft für Technische Zusammenarbeit GmbH. Mit der Durchführung ihrer Maßnahmen der Technischen Zusammenarbeit beauftragt die Bundesregierung überwiegend die bundeseigene GTZ. Wesentliche Aufgaben der GTZ sind u. a.

- Projekte und Programme der Technischen Zusammenarbeit mit Partnern in Entwicklungsländern fachlich zu planen, durchzuführen bzw. zu steuern und zu überwachen;
- Fachkräfte zu suchen, auszuwählen, vorzubereiten, zu entsenden und während ihres Einsatzes fachlich und personell zu betreuen;
- die Sachausrüstung der Projekte technisch zu planen, einzukaufen und in die Entwicklungsländer zu versenden.

KfW: Kreditanstalt für Wiederaufbau. Neben einer Reihe anderer Aufgaben obliegt der KfW auch die Gewährung von Darlehen und Zuschüssen zur Finanzierung förderungswürdiger Vorhaben im Ausland, insbesondere im Rahmen der Entwicklungshilfe. Im Auftrag und in Abstimmung mit der Bundesregierung erfolgen Vergabe und Abwicklung der Mittel der Finanziellen Zusammenarbeit durch die KfW.

UNDP: Entwicklungsprogramm der UN. UNDP gewährt den Entwicklungsländern Technische Hilfe und finanziert Vorhaben, die die Voraussetzungen für neue Kapitalinvestitionen schaffen oder deren Wirksamkeit erhöhen. Die einzelnen Vorhaben überträgt UNDP zur Durchführung in erster Linie den UN-Sonderorganisationen. UNDP ist in rund 150 Ländern und Territorien tätig.

UNFPA: Bevölkerungsfonds der UN. Aufgabe der UNFPA ist die Finanzierung von UN-Maßnahmen auf dem Gebiet der Bevölkerungs- und Familienplanung. Es werden nur Länder unterstützt, die den Fonds ausdrücklich um Maßnahmen ersuchen.

UNICEF: Weltkinderhilfswerk der UN. UNICEF leistet Hilfe für notleidende Kinder und Jugendliche und unterstützt Hilfsprogramme für Mutter und Kind, für Gesundheitsfürsorge sowie für das Ernährungs- und Erziehungswesen.

Weltbank: Die Weltbank ist sowohl ein Finanz- als auch ein Entwicklungsinstitut. Ende 1983 hatten 144 Länder Kapitalanteile von rd. 59 Milliarden US-Dollar gezeichnet und damit Miteigentum an der Bank erworben. Die Bank finanziert die Darlehen, die sie vergibt, überwiegend aus eigenen Mittelaufnahmen an den internationalen Kapitalmärkten. Zur Finanzierung vorgeschlagene Maßnahmen werden u. a. auf ihre Bedeutung für die Einkommensverteilung und Beschäftigungslage, auf Umweltbelastungen, die Möglichkeiten zur Entwicklung lokaler Ressourcen und Institutionen und zur Ausbildung einheimischen Personals hin untersucht — aber auch darauf, ob sie sich in angemessener Zeit für das Empfängerland »bezahlt« machen, also wirtschaftlich rentabel sind.
Die Weltbank vergibt Darlehen nur an Regierungen oder an Projektträger mit einer Regierungsgarantie. Nachdem früher hauptsächlich Infrastrukturmaßnahmen und Produktionsanlagen finanziert wurden, sind die Aktivitäten in den vergangenen Jahren noch stärker »entwicklungsorientiert« geworden: Projekte und Programme, die unmittelbar der Masse der armen ländlichen und städtischen Bevölkerung in Entwicklungsländern zugute kommen, nehmen zu. Während Infrastrukturmaßnahmen weiterhin eine wichtige Rolle spielen, wurde der Anteil an Darlehen für ländliche Entwicklung, Wohnungsbauprogramme und Erziehungswesen ausgeweitet. Neuerdings gewinnen der Energiesektor (Öl- und Gasprojekte) stark an Gewicht.

Ablauf eines Projekts

Ablauf eines Projekts der Finanziellen Zusammenarbeit

I. Projektideen
— Entwicklungsland und Bundesregierung vereinbaren Vorhaben
— Vorprüfung der Unterlagen durch BMZ und KfW
— Vorabstellungnahme durch KfW
— Nach Abstimmung mit beteiligten Ressorts Auftrag an die KfW zur Projektprüfung

II. Prüfung der KfW
— Intensive Detailprüfung des geplanten Projektes
— Vorlage des KfW-Prüfungsberichts an die Bundesregierung
— Im Falle positiver Entscheidung der Bundesregierung Auftrag durch das BMZ an die KfW zu Vertragsverhandlungen

III. Regierungsabkommen
— Abschluß eines Regierungsabkommens (Rahmenbedingungen) als völkerrechtliche Grundlage für die Gewährung von FZ und die von der KfW mit dem Empfänger hierüber abzuschließenden privatrechtlichen Verträge (Darlehens-, Garantie- und Schiedsvertrag; im Falle eines Zuschusses: Finanzierungsvertrag)

IV. Vertrag, Abwicklung und Kontrolle
— Abschluß der Verträge zwischen KfW und Entwicklungsland
— laufende Überwachung des Projektfortschritts durch KfW und mindestens jährlich Unterrichtung der Bundesregierung
— Auszahlung des Darlehens oder des Zuschusses nach Projektfortschritt
— Überprüfung des fertiggestellten Projekts durch KfW (Kontrollbericht für die Bundesregierung)
— Erfolgskontrolle durch KfW nach angemessener Betriebszeit (Bericht für die Bundesregierung)

Ablauf eines Vorhabens der Technischen Zusammenarbeit

Die Maßnahmen der TZ werden im Auftrag der Bundesregierung von der GTZ bzw. in besonderen Fällen von anderen deutschen Stellen nach folgendem Verfahren durchgeführt:

I. Projektidee

— Entwicklungsland und Bundesregierung vereinbaren Vorhaben.
— BMZ überprüft Vorhaben, holt Vorabstellungsnahme der GTZ zu personellen und sachlichen Möglichkeiten ein und trifft entwicklungspolitische Vorentscheidung

II. Projektprüfung, Entscheidung

— BMZ holt von GTZ ein Angebot zur Projektprüfung ein
— BMZ erteilt aufgrund des Angebots nach Abstimmung mit AA einen Auftrag zu Projektprüfung an GTZ
— Intensive Detailprüfung des geplanten Vorhabens durch die GTZ
— Vorlage des Prüfberichtes an das BMZ
— BMZ entscheidet über Förderungswürdigkeit
— BMZ holt bei positivem Ergebnis von GTZ ein Angebot zur Projektdurchführung ein
— BMZ erteilt nach Prüfung des Angebots und Abstimmung mit AA den Auftrag zur Projektdurchführung an GTZ.

III. Regierungsvereinbarung

— Abschluß einer Regierungsvereinbarung (im allgemeinen als Notenwechsel) mit dem Partnerland über die Durchführung der TZ-Maßnahmen. In ihr wird die gemeinsame Konzeption des Vorhabens festgelegt, wozu vor allem sein Ziel, die Leistungen der beiden Seiten, Aufgaben und organisatorische Stellung der Beteiligten (einschließlich der Rechte und Pflichten der entsandten Fachkräfte und ihrer einheimischen Partner) und der zeitliche Ablauf gehören.
— Die für Vorhaben der TZ allgemein geltenden Regelungen (insbesondere die üblichen deutschen und einheimischen Leistungen für die Vorhaben, allgemeine Rechte und Pflichten der entsandten Fachkräfte und ihrer einheimischen Partner, Schutzrechte der entsandten Fachkräfte) werden meist in einem Rahmenabkommen vereinbart. In die Projektvereinbarung werden dann nur noch die besonderen Regelungen des einzelnen Vorhabens aufgenommen. Weitere Einzelheiten können einheimische Projektträger und GTZ festlegen.
— In bestimmten Fällen (z. B. Finanzierungsbeiträge, TZ gegen Entgelt) schließt die GTZ auf der Grundlage der Regierungsvereinbarung mit dem Empfänger privatrechtliche Verträge, in denen die Projektdurchführung im einzelnen geregelt wird.

IV. Durchführung und Kontrolle

— GTZ führt den Auftrag des BMZ in eigener Verantwortung durch, steuert und überwacht die Durchführung der TZ-Maßnahme
— GTZ erbringt u. a. Personal- und Sachleistungen und wickelt finanzielle Verpflichtungen gegenüber dem Partner im Entwicklungsland ab

- BMZ kontrolliert aufgrund regelmäßiger Berichte der GTZ Stand und Ergebnisse der Maßnahmen
- GTZ erstattet der Bundesregierung Schlußbericht über die Ergebnisse der Auftragsdurchführung; BMZ überprüft Auftragsdurchführung aufgrund des Schlußberichts.